零基础
做外卖骑手

宋璐璐 / 主编

中华工商联合出版社

图书在版编目（CIP）数据

零基础做外卖骑手 / 宋璐璐主编 . —北京：中华
工商联合出版社，2020.1
ISBN 978-7-5158-2665-3

Ⅰ.①零⋯ Ⅱ.①宋⋯ Ⅲ.①饮食业—快递—商业服务—中国
Ⅳ. F719.3

中国版本图书馆 CIP 数据核字（2019）第 275845 号

零基础做外卖骑手

主　　编：宋璐璐
出 品 人：刘　刚
责任编辑：于建廷　臧赞杰
装帧设计：周　源
责任审读：傅德华
责任印制：陈德松
出版发行：中华工商联合出版社有限责任公司
印　　刷：盛大（天津）印刷有限公司
版　　次：2020 年 1 月第 1 版
印　　次：2024 年 3 月第 5 次印刷
开　　本：850mm×1168mm　1/32
字　　数：220 千字
印　　张：9
书　　号：ISBN 978-7-5158-2665-3
定　　价：58.00 元

服务热线：010-58301130-0（前台）
销售热线：010-58302977（网店部）
　　　　　010-58302166（门店部）
　　　　　010-58302837（馆配部、新媒体部）　　工商联版图书
　　　　　010-58302813（团购部）　　　　　　　版权所有　盗版必究
地址邮编：北京市西城区西环广场 A 座
　　　　　19-20 层，100044　　　　　　　　凡本社图书出现印装质量问题，
http://www.chgslcbs.cn　　　　　　　　　　请与印务部联系。
投稿热线：010-58302907（总编室）　　　　　联系电话：010-58302915
投稿邮箱：1621239583@qq.com

目录
Contents

第六章 骑手安全之居住安全

第七章 骑手安全之防盗抢骗

第八章　骑手安全之消防安全

第一章

外卖配送市场快速发展，
骑手成为核心资源

外卖市场发展迅速，骑手需求增长

在这个快节奏的现代生活中，人们通过互联网实现高效率和高时间价值，为了满足消费者的需求、提高自身的利润空间，各行各业都在与互联网进行不同程度的融合。在这样的背景下，新的餐饮方式开始涌现，包括线上支付线下体验、线上下单线下配送等越来越多的O2O模式逐渐兴起，其中最有发展前景也是与行业契合度最高的项目之一就是快餐外卖这一新兴餐饮服务。

快餐是一种特殊的餐饮产品，它是由餐饮企业通过快速简洁的方式为客户制作的即时可食、营养全面、用餐快捷且价格相对较低的商品，往往具有标准化、便利化、可复制性强等特点，正在受到以白领为代表的青年人群的追捧。从2010年网络外卖订餐出现以来，快餐外卖在餐饮业中的比重逐步增大，成为餐饮业发展的新生力量。在经历过萌芽期、发展期、扩张期的市场竞争之后，目前快餐外卖正在进入相对稳定的成熟期。

我国外卖市场经过数十年的发展，已经形成了较为成熟的市场与较为稳定的竞争格局。根据网经社监测数据显示，2018 年我国在线外卖行业交易规模达 2480 亿元，较 2017 年的 2096 亿元同比增长 18.3%；我国在线外卖行业用户规模达到 4.06 亿人，相比 2017 年的 3.1 亿人增长 31%。

根据移动互联网大数据研究机构 Trustdata 监测，截至 2019 年上半年，我国外卖市场上 64.8% 的用户来自一二线城市，已经超过移动互联网用户在一二线城市 47.5% 的比例，外卖行业在一二线市场上达到了超强渗透。

与外卖市场增长迅速相对的是，为外卖点餐提供配送的骑手数量也呈现增长态势。据相关资料显示，骑手从业人员超过 1000 万，日活跃骑手超过 100 万人，已经成为蓝领群体的重要职业之一。庞大的从业人员数量以及和人们生活的亲密关系，使得骑手群体逐渐成为公众关注的焦点。

2018 年 12 月 29 日，阿里本地生活服务公司旗下饿了么蜂鸟配送发布《2018外卖骑手群体洞察报告》，报告显示，近20%骑手为大学本科或专科生，而此类骑手中以辽宁省、河南省拥有大学学历占比全国领先。

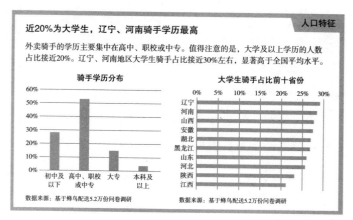

近20%为大学生，辽宁、河南骑手学历最高　　**人口特征**

外卖骑手的学历主要集中在高中、职校或中专。值得注意的是，大学及以上学历的人数占比接近20%。辽宁、河南地区大学生骑手占比接近30%左右，显著高于全国平均水平。

骑手学历分布

大学生骑手占比前十省份

数据来源：基于蜂鸟配送5.2万份问卷调研　　数据来源：基于蜂鸟配送5.2万份问卷调研

报告统计，蜂鸟骑手月收入主要集中在4000~8000元（包含兼职与专职骑手）。

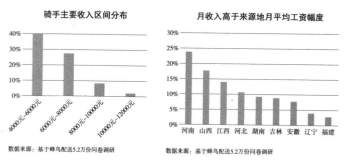

骑手主要收入区间分布

月收入高于来源地月平均工资幅度

数据来源：基于蜂鸟配送5.2万份问卷调研　　数据来源：基于蜂鸟配送5.2万份问卷调研

之所以这么多人愿意来做骑手，主要还是因为自由。

超过 60% 的骑手最看重自由的工作时间，另外有将近 30% 的人表示喜欢骑行穿梭在城市中的感觉。

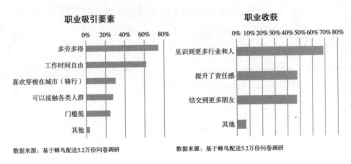

数据来源：基于蜂鸟配送5.2万份问卷调研　　　　数据来源：基于蜂鸟配送5.2万份问卷调研

报告显示，蜂鸟配送注册骑手超过 300 万人，其中 77% 的蜂鸟骑手来自农村，平均年龄约为 29 岁。

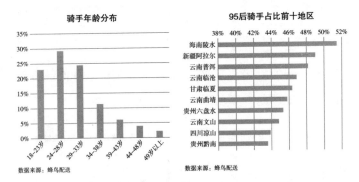

数据来源：蜂鸟配送　　　　数据来源：蜂鸟配送

受益于本地生活服务市场高速发展，即时配送体量越来越大，预计 2019 年即时配送订单量将突破 200 亿单。行业发展带动就业人数增长，从 2013 年到 2018 年，广东省东莞市蜂鸟骑手数量增长 31 倍，越来越多人开始涌入到骑手这个新职业中。

　　虽然骑手从事的是日常的生活服务型工作，但他们心中的志向却远不止于此。他们在楼宇中穿梭，内心也在不断成长。随着城市熟悉程度的增长，城市中的人在不断影响着这群青年骑手。当然，外卖骑手也在深刻影响着城市，通过辛苦地跑单获得收入，撑起一个家庭的同时，他们也为城市发展贡献力量，实现着自己的社会价值。

从送餐到送一切，骑手收获上亿好评

2019 新年前夕，国家主席习近平发表的新年贺词中提道："这个时候，快递小哥、环卫工人、出租车司机以及千千万万的劳动者，还在辛勤工作，我们要感谢这些美好生活的创造者、守护者。大家辛苦了。"外卖快递小哥作为其中的一员，也发挥了自己的光和热。

2018 年，随着外卖业务的边界进一步拓展，骑手配送的内容也从送餐、送饮料扩展到鲜花绿植、生鲜果蔬、生活超市，品类更加丰富。蜂鸟大数据显示，骑手平均每天配送 48 单，奔波近 150 公里。此外，在蜂鸟骑手分钟级配送可触达的 3 公里范围内，也形成了独特的社区经济圈。除了餐饮，蜂鸟骑手的配送服务还囊括了商超、医药、鲜花等类目。

在本地生活服务数字化进程中，蜂鸟骑手提供的分钟级配送服务正在给品牌、行业和区域带来新的想象力。2018 年 8 月，蜂鸟配送为星巴克打造"专星送"专属配送团队。包括上海、北京、杭州、西安、青岛、昆明等在内的全国近 30 城消费者，都可享受到骑手高品质的 30 分钟送达服务；2018 年 10 月，阿里健康携手蜂鸟配送开通"7×24 小时，最快 24 分钟送达"送药服务。骑手夜间送药量猛增，医药类订单总体增幅超 500%；蜂鸟目前已接入天猫、淘宝等平台，电商订单也能享受分钟级配送。

骑手的专业服务受到用户的好评。据统计，2018 年平台用户为骑手共写下了 3 亿好评、2.5 亿感谢。其中，8100 万份订单叮嘱小哥"注意安全"，6000 万份订单宽慰小哥"不用着急"，4000 万份订单嘱咐小哥"雨大慢点骑"，2200 万份订单叮嘱小哥"天冷注意保暖"。

骑手往往是很多外地人员融入新城市的第一份工作，某种程度上来说外卖行业的崛起也让部分年轻人找到了方向，对于毫无背景的他们来说没有什么比得上通过工作来养活自己更加重要。骑手在面临外部压力时，会选择抱团取暖，在工作过程中互相支持，而以同事关系组织起来的互助网络使他们在大城市的生活孤而不独，饱含温情。

　　骑手在面临多重挑战时，也不会降低对工作的责任感和对生活的热爱。正是这些夜色中奔波的身影，让无数人在饥肠辘辘时能吃上一份热腾腾饭菜。他们是新时代青年的缩影，他们同你我一样，创造这个时代，也成就这个时代。

外卖配送的特征和模式

一、外卖配送的特征

快餐外卖是一种特殊的商品，一般而言具有最佳保存温度、最佳赏味时间以及极高的完好性等要求，在配送和运输过程中需要与普通的商品区别开来，具体来讲在配送中快餐外卖具有以下的特征：

1. 时效性

快餐外卖既要保证食品在送达时的口味最佳，又要保证送达的时间在消费者的忍受范围内，这就要求配送服务在各个环节上对效率都有很高的要求。

2. 配送装备特殊性

为了适应城市交通状况也考虑到配送的便捷性和成

本，快餐外卖在配送时对装备有特殊的要求，配送的车辆一般选用电动自行车，这保证了在配送过程中应变能力强并且可以降低配送成本，配送快餐外卖的装备一般选用特殊的与电动自行车的尺寸契合或者可以背带的保温箱，要求保温箱在不影响配送员正常行驶的前提下能放置多个外卖。

3.时间约束性

外卖配送业务中的客户对时间有着与普通商品完全不同的要求，往往只有几十分钟的时间忍耐度，因此在这一特殊的配送中，时间的约束是配送中最关键的考虑因素。

4.高度协调性

快餐外卖的配送不是独立的配送环节，而是与上游餐饮商家和下游消费者紧密联系的过程，一次顺利成功的外卖配送，要求商家准时高效正确地准备快餐餐品，配送员快速准确地送达客户，消费者及时领取外卖，这三个环环相扣的过程充分配合高度协调。一旦在某一环出现了延误或者错误，外卖配送都是无法完成的。

二、外卖配送的模式

目前，外卖配送的模式主要有两种。

1. 餐饮商家自营快餐外卖服务

这种模式是餐饮商家自建快餐外卖平台，所有外卖服务全程由商家自主运营。最初实行自营外卖服务的企业大部分集中于资历雄厚的跨国餐饮企业，它们有完善的企业文化、运营机制以及对抗风险的能力，如肯德基、麦当劳、必胜客等大型全球连锁餐饮公司，为了保护品牌形象实施可控性较强的自营外卖配送。后来在外卖市场不断发展扩大的过程中，出现了另一种自营外卖配送服务模式：定点定时外卖业务。这样的外卖服务主要针对的是白领人群，圈定以白领消费人群为核心的一线、二线城市商圈写字楼。这些白领人群有固定的工作时间和地点，这一消费群体是可以每周持续在一家餐饮公司点餐并且预先点餐的。这样一来，对餐饮企业而言，一旦客户提前一天甚至多天预定快餐服务，那么企业就可以提前统筹规划，对订单的准备、制作和配送都实现合理控制和安排，降低快餐外卖配送的成本和风险，还能在消费群体中建立起企业品质外卖的品牌认知。

但这种发展模式也有一定的缺点，往往会由于专业程度低、管理机制冗杂和市场反应滞后的原因，导致市场适应过程长，利润率难以保证。

2. 第三方专业快餐外卖平台提供外卖配送服务

餐饮企业或商家仅负责制作或生产快餐，而从提供外卖配送等一系列外卖相关服务的专业第三方快餐外卖平台购买配送服务，也可以说是将其外包出去。

现实生活中除了自营的模式以外，仍有很大一部分的餐饮公司或者小型餐饮店并都没有充足的人力和资金来实现自营配送，基于这种现实情况，催生了第三方外卖服务平台，如饿了么、美团外卖、达达等。第三方外卖服务平台具有信息整合发布、O2O 网上订餐以及配送物流的功能。随着移动网络设备的发展，这些外卖服务平台通过 App 的形式推广市场，在整个快餐外卖行业中占据着 80% 以上的市场份额，成为行业的中坚力量。

这种模式的优点在于对市场和消费者的适应度更好，从大型餐饮公司到小型个体餐饮店都可以很好地运用平台，在成本较低的情况下实现自己的外卖服务，因此这是目前比较主流的一种外卖服务方式。从外卖平台产生，经历了萌芽、成长、扩张几个时期，到 2015 年后开始进入成熟期，成熟期的外卖平台最终回归了商业本质核心竞争：物流配送和商家供应链。

一个外卖骑手的自我修养

作为一个外卖骑手，多接单、准确及时送餐获得更多收入是基本的。要做到这些，就要努力提高自己的业务能力，比如规划送餐路线、学习沟通话术、注意仪容仪表等，这些都属于外卖骑手的"硬实力"。作为一个个体，我们除了要关注这些影响生存的技能，还要关注能提升个人修养的"软实力"。

以平常心面对世界。

作为一名骑手，每天接触不同的顾客、商家，由于每个人性格、受教育程度等不同，决定了他对待别人采取的态度不同。作为服务人员，外卖骑手的服务受到多种因素的影响，超时、弄错、包装破损等情况难免，商家、顾客的评价也就褒贬不一。遇到不属实的评价或话语，不要太在意，更不要因此恼怒，保持平常心。每个人都有用自己的方式看待他人的权力，我们强求不了别人，需要做的就是做好自己的本分，平淡以待，不要过分在意别人的评价，要有自己独立的价值判断。

人生应当有梦。

每个人活着，不应该仅仅为了生存，能支撑我们长久坚持的唯有梦想。外卖骑手的梦想可大可小，无论你是想成为站点单王，还是想让家人过上好日子，或者挣钱开一家属于自己的店铺，为了更好地达成自己的梦想，就要设定目标，知道自己每一步应该踏在哪里。目标可以让你清楚了解为了达成最终梦想该如何行动。每年、每月，甚至每周给自己设定一个目标，目标要有一定挑战，但也不能好高骛远。完成每一个小目标后，你会发现自己在悄悄进步，离梦想又近了一步。

适当放松，用奖励鼓舞自己。

外卖骑手的工作是非常艰苦的，平台考核、客户催单、商家批评都给骑手带来很大压力。压力积累过多，没有释放，容易让骑手变得悲观、怨天尤人，这时候我们要学会放松自己，日常工作或生活中要适当奖励自己。达成周目标或者月目标后给自己一个奖励，无论是一件衣服，还是一瓶啤酒，适当的鼓励总能给我们继续下去的动力。这样我们在完成下一个任务的时候，才会更有期待，有更多动力。适当奖励自己，不是满足现状，而是让下个目标更好地达成。

一个爱好、一项技能都能愉悦身心。

网络上流传了很多关于骑手的段子，说他们是一个"无所不能"的群体，商家出餐慢，骑手自己动手；顾客的代码写错了，外卖小哥一眼就给解决；两个平台的外卖骑手互不服气，当场斗起了街舞……类似的段子虽然夸张，但也从侧面反映出骑手的多才多艺。画画、书法、唱歌、跳舞、拍短视频、长跑、武术……有爱好或技能加持的骑手比其他骑手显得更加积极阳光。在跑单的重负之外，外卖骑手也是一个拥有丰富多彩人生的群体。

无论何时保持热情。

"保持热情"是作为一名骑手最好的精神面貌，我们每天都会遇到各种困难，但生活越是艰难，内心越要绚烂。有些骑手们常说：在其位，谋其职。既然做了，就要做到最好。只有你真正地认可、热爱这件事时，意识才能发生巨大改变，能量才会聚集在这件事上，才能把一件事做好。

要知道希望总是有的。

很多时候我们付出了努力，但却没能得到最好的结果，这时候不要放弃，心存希望。人最怕的就是失去希望，最幸福的就是对未来有所期待。只有对未来有期待的人，才有动力去追求更加精彩的人生。倘若年纪轻轻就无欲无求，随波逐流，其实是你早早向生活妥协。有期待、有行动，日子才有盼头。

第二章

外卖骑手入门知识

众包和专送的区别

如今人们的工作和生活节奏都比较快，很多人因为工作繁忙、不会做饭等原因，喜欢点外卖，外卖行业进入了高速发展时期，而外卖员也成为一个热门的职业，吸引了很多的年轻人加入。

现在，各个主要的外卖平台都将外卖配送分为众包和专送，一些新人刚加入就陷入了迷茫，因为他们分不清楚两者的差别，不知道该加入哪种模式，那么，这两种模式的差别在哪呢？

众包，从概念上理解就是一个公司或机构把过去由员工执行的工作任务，以自由自愿的形式外包给非特定的（而且通常是大型的）大众志愿者的做法。众包的任务通常是由个人来承担，但如果涉及需要多人协作完成的任务，也有可能以依靠开源的个体生产的形式出现。

具体到外卖行业，外卖配送众包就是相当于现在的网约车，我有订单需要送，你是外卖骑手，衡量配送难度和收益后决定是不是接受这个订单，不接受你就挣不到这份钱，接受了你就要在约定的时间按规定送餐到客户。专送从字面就可以理解，是专门专人负责送这个订单，平台分配给你，你不能拒绝，外卖骑手没有自主权，当然，专送人员的薪酬和众包就不一样了。下面介绍一下二者具体的区别。

管理和薪资方面：专送属于正式员工，是有严格的管理和规定的上下班时间，因此他们除了提成外，还能拿到平台的奖金和基本工资，当然这些收入是要等月底才能发放的，不能随时提现，除了这些专送员工还能享受到平台给出的福利，比如宿舍和食堂；而众包并没有人管理，时间上是自由的，众包的薪资就是提成和平台的奖励，是可以随时提现的。

提成方面：专送每单提成基本是固定的，比如6+3，也就是每单6元钱，好评另外加3元，也就是最高9元，这个提成跟距离远近是没有关系的，送400米和送4公里提成都是6+3；众包是根据距离来算提成的，有5元、8元、10元，等等，距离不一样得到的提成也不一样。

派单方面：专送一般都是系统派单，系统会根据各个骑手的位置来分配订单，没有拒绝的机会，顺路单效率也比较高，但是不能一次送多单；而众包需要骑手自己去抢单，这就十分考验骑手的注意力了，如果等订单的时候一个迟疑，可能单子就被别人抢走了，这样的模式让众包变得非常自由，订单可以自己选择，还可以一次接多个单。抢单是不利于新手的，因为不但要一直盯着手机看，还要规划路线，一般新手规划路线能力、预算时间能力是不强的，而且骑车时抢单还有危险。

配送距离方面：专送送餐一般固定方圆几公里以内，分片区负责，众包是没有配送距离限制的。

注册难易程度上：想要加入专送可不容易，需要经过考核，才能拿到内部软件开始接单。众包是个人注册的，注册方式最简单，自己在家就能入职，只要根据软件上的引导就能成为一名骑手。

我们可以看出，众包不管是接单还是领取收入都要比专送自由得多，但专送则享有基本工资和奖金。那么，这两种模式哪一种适合新手呢？当然是众包，大多数新加入的外卖员，最大的缺点就是不熟悉路况，如果随意地去接专送，可能每一单都得迟到，但众包则可以挑选订单，先接一些地点比较好找的附近的单子，熟悉后再逐步扩大接单范围。众包的接单量是可以自由调节的，建议新手就开 2-3 单，先熟悉取餐送餐路线，弄清楚小区是否能骑车进去以及小区楼栋分布。经过一段时间众包的锻炼后，再入职专送才是好的选择，毕竟专送的收入要比众包稳定得多，最关键的是成为专送后，平台能够为你解决吃饭和住宿的问题，这可能帮你省下不少钱。当然，对于一些喜欢自由、想要自己把握收入水平的人来说，众包是不错的选择。总之，外卖也是个熟能生巧的行业，要在实战中积累经验。

美团专送和众包的区别

相同点

美团专送和美团众包是美团配送的两种业务形式，目前都主要服务美团外卖平台。

具体流程为： 顾客订餐后，信息会先发给商家，商家将信息发出去的时候可以选择专送或者众包进行配送。接到订单的骑手先到达商家处取餐然后配送到订餐的顾客手中。

区别概括

美团专送： 骑手管理更加规范，固定时间上下班；收入更加稳定，有多项配送补贴；配置保险服务，为安全保驾护航。

美团众包： 跑单灵活，随时随地都可接单赚钱；操作简单，注册美团众包后只需接单、取餐、送餐三步就能获得丰厚收入；工资结算灵活，每日都可提现；订单量大，国内最大的外卖平台之一，配置保险服务，为安全保驾护航。

	专送骑手	众包骑手
跑单时间	管理规范，站长进行排班	7*24 小时内随时接单
跑单地点	固定的站点接单	开通众包业务城市的任何区域接单
收入结算	按月结算	按单结算，每日都可提现
补贴现状	以月度冲单奖为主＋恶劣天气补贴	以周度冲单奖为主

众包员资格

你要想成为众包平台上的众包员，并通过众包平台自主选择、完成任务事项前，应首先满足如下资格条件：

（一）年满 18 周岁且不超过 50 周岁，并具有完全民事行为能力和相应的独立劳动能力。

（二）身体健康，持有有效健康证，且无以下类型疾病：

1. 患有有碍食品安全或公共卫生的疾病且未治愈的，具体以食品安全法等法律法规以及国务院卫生行政部门公布的有碍食品安全的疾病目录等规定为准。

2. 患有器质性心脏病、癫痫病、美尼尔氏症、眩晕症、癔病、震颤麻痹、精神病以及影响肢体活动的神经系统疾病，未治愈且可能妨碍配送安全的。

3. 患有肺结核、腮腺炎等可通过空气、飞沫传播的传染性疾病，未治愈，且可能妨碍食品安全、公共卫生安全的。

（三）无违法/犯罪记录，无吸毒记录，无酗酒、无长期服用依赖性麻醉药品/精神药品成瘾。

（四）基本能力及素质：

1. 吃苦耐劳，人品端正，做事仔细认真。

2. 需具备良好的沟通能力与服务意识。

3. 保持个人清洁卫生，注意个人形象。

4. 工作守时，有时间观念。

5. 熟练驾驶相关车辆，且应保证证件齐全，并符合当地政府或国家关于相关车辆合规使用的相关标准及要求。

（五）个人形象及卫生要求：

1. 头发要求：简短，头发颜色不花哨。

2. 指甲要求：不染色、不离长指甲，指甲无明显污垢。

3. 其他要求：不留长胡须，口、鼻、面部保持清洁，不佩戴引起客户不适感的饰物。

4. 着装要求：不可脏污、有异味。

申请骑手账号的流程

　　要想成为一个外卖骑手，需要在外卖平台上进行注册，按照一定的流程注册并学习相关内容。下面以蜂鸟众包（饿了么）为例，讲解一下申请骑手账号的具体流程。

加入众包的要求

配备手机
配备具有GPS的定位功能的非Root的手机可安装蜂鸟众包APP

配备电动自行车
18-65周岁，具有完全行驶能力，自备电动自行车之类的交通工具

持有银行卡
持有与注册身份证一致的银行卡，银行卡只用于提现

考试认证
通过线上考试、实名认证、上传健康证、上传身份证

1. 骑手 App 下载注册

在手机应用商城，搜索"蜂鸟众包"并下载安装。

打开蜂鸟众包 App，用手机号注册账号。

零
基
础
做
外
卖
骑
手

2. 上传身份证、健康证，完成实名认证。

所有的平台都要求实名认证，这既是为了商家、用户考虑，也是为了保护骑手的利益。

因为外卖行业属于食品相关职业，根据要求外卖配送人员都要求提供健康证，外卖骑手需要去相应的医院体检，体检合格经培训后申请健康合格证书，在外卖平台上传健康证。

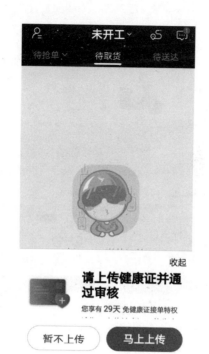

3. 交通工具报备

根据平台的规定，外卖骑手的交通工具需要报备。你可以在 App 的"个人信息"下选择"我的装备"，点击"交通工具"，进入报备流程。

在选择交通工具时，一般新手都会选择电动车，这时就需要提供电动车的车牌号和车辆照片。照片要求清晰，能体现出车辆的特征，平台提供了一些照片的样例和规则，骑手可以参考。

零基础做外卖骑手

现在，骑手装备即将纳入成长考核，是否购买骑手装备将对升级难度有影响，建议新入行的骑手根据自己的实际情况进行购买。

4. 绑定银行卡

你需要绑定一张与你注册身份证一致的银行卡，用于提现，银行卡一旦绑定，不容易更改，一定要斟酌好，避免一些不必要的麻烦。

5. 参加考试认证

系统审核通过之后，会有一个在线培训，让你迅速了解外卖骑手应该知道和注意的知识。考试都是极其简单的选择题，选错了，系统会把错的题单独拿出来让你重新选择。

〈　✕　　**培训中心**

　　线上培训　　　　　　线下培训

常规培训
参加培训，通过考试后获得抢单和晋级资格

▎入门考试
通过考试后，才有资格抢单　　　　　复习
通过考试时间：2019-12-14

▎进阶考试
学习课程，掌握更多配送知识！　　　　复习
通过考试时间：尚未通过考试　　　　　考试

▎高阶考试
学习课程，助你成为跑单达人！　　　　继续
通过考试时间：尚未通过考试

业务培训
参加培训，通过考试后获得特殊业务抢单资格

▎异常报备专项学习
知悉虚假报备的危害，避免异常配送　　继续
通过考试时间：尚未通过考试

▎指派单知识知多少
获取更多指派单知识！　　　　　　　　继续
通过考试时间：尚未通过考试

完成上述流程，平台审核通过后你就可以开始接单啦。

外卖骑手 App 基本操作

在你注册外卖配送平台的账号，实名认证、上传健康证、在线考核培训完成后，平台会对你进行审核，审核通过你就正式成为一名外卖骑手了。现在，外卖骑手的接单、到店、取货、配送到达等操作都需要在外卖平台 App 上进行相应操作。一方面是便于平台进行配送管理，另一方面也是方便外卖骑手准确送货。外卖平台 App 的操作是每一个外卖骑手都要熟悉的，下面我们就以蜂鸟众包为例，给大家介绍一下外卖平台 App 的具体操作。

一、登录 App 并进行相应设置

外卖平台 App 的使用一般要求我们授予其一定的手机功能权限，要想正常登录 App 这些手机权限必不可少。以华为手机为例，我们简单讲解一下如何设置手机权限。

打开【设置】，打开【电池】，打开【应用启动管理】，找到【蜂鸟众包】，关闭【开关】，同时打开弹出的【允许自启动】【允许关联启动】【允许后台活动】。

首先我们利用自己的账号登录外卖平台 App，就会进入接单界面。这里上方有三个菜单，"待抢单""待取货""待送达"，你可以分别在这三个菜单下看到对应的订单信息。

在抢单前，我们要先对外卖平台 App 进行一番设置，以方便自己更好地抢单配送。点击抢单页面左下方的"接单设置"，进入设置页面。在这里你可以选择你的常驻位置，是否接受普通指派单、高价任务单，设定派单上限，也就是一次最多接几单。

常驻区域代表骑手的常驻取餐区域或送餐区域，系统将根据常驻区域设置指派订单。当骑手未设置常驻区域时，系统无法为骑手派单；当骑手完成常驻区域设置后，系统会指派取餐点或送餐点在常驻区域的订单；当骑手实时定位远离常驻区域时，系统派单数量会减少，离常驻区域越远，接收到的指派单会越少，请尽快返回或者重新设置常驻区域。可以通过挪动地图来调整常驻区域覆盖位置。具体操作时点击"设置为常驻区域"，二次确认后，完成常驻区域设置。设置常驻区域位置时需要选择距离偏好设置，选择"远近皆可"时，常驻区域半径为7公里；距离偏好设置为"5公里以下"时，常驻区域半径为3公里；距离偏好设置为"5公里以上"时，常驻区域半径为7公里。当你的位置在常驻区域内时，系统优先指派你去常驻区域内的商家取餐；当你的位置在常驻区域外时，系统优先指派你去常驻区域内的用户送餐。

二、抢单、取货、送达

设置完成后，通过之后骑手可以进入抢单界面接单，每个订单都会显示公里数，上面的是你当前所在位置与商家之间的距离，下面的是商家与客户之间的距离，所以接单的时候一定要好好衡量，以免超时。

> ⏱ 1小时0分内送达　　　¥14.4
>
> 0.2 km **新辣道鱼饭外送(西直门嘉茂店)**
>
> 北京市西城区西直门外大街1号西区商业05层30、31号(德胜园区)
>
> 3.9 km **后白堆子1号楼6单元501**

接单之后在"待取货"里可以看到你到店取货的时间，必须在规定时间内到店取货，否则就是超时（超时就会扣钱）。到店后，按照规定要点击"上报到店"。取餐后，点击"确认取货"。

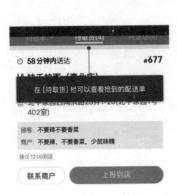

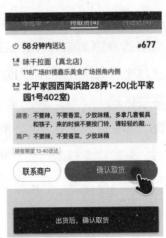

取货的时候一定要拍摄小票或者扫商品二维码才能成功取货，送达时则不用，直接点击"确认送达"就好。

三、关于保证金

在蜂鸟众包上，新的骑手需要交纳保证金才能接单。

保证金是用于配送服务质量担保的存款。除拥有免交保证金资格的骑手外，账户需缴纳 99 元保证金方可具备初级跑单资格，缴纳 199 元可具备高级跑单资格。当骑手账户金额（余额＋待到账）≤ –99 元时，保证金将全部转入余额，骑手需至少补缴 99 元保证金＋待补足余额才可继续跑单。保证金仅支持第三方平台充值，仅退款至账户余额。

保证金免交条件同时满足以下条件的骑手可免缴初级保证金：

（1）账户注册 ≥ 30 天；

（2）注册后累计完成单量 ≥ 150 单；

（3）骑手账户金额（余额＋待到账）＞ –99 元。

或满足以下条件的骑手可免缴初级保证金：成长体系达到 Level4（仅限上线成长体系的城市）。

保证金目前仅支持通过第三方平台充值，不支持通过账户余额充值。当骑手与用户发生经济纠纷且骑手拒不配合处理时，平台有权冻结保证金；待骑手积极配合处理，并主动补偿损失时，可解除冻结。经济纠纷场景包含但不限于：骑手遗失、损坏、私拿或偷盗取送物品，受到投诉引起的经济纠纷；骑手接单后骗取收货码虚假确认送达，受到投诉引起的经济纠纷；骑手接单后提前索要收货码确认送达，确认后拒不履行配送服务且拒不返还用户支付费用，受到投诉引起的经济纠纷。

案例说明：赵某是一个众包骑手，成长级为5级，账户已充值99元保证金，目前钱包中的"我的余额"为0元：A.若赵某今天有一个已执行的超时罚单被扣款10元。此时赵某钱包中"我的余额"变为－10元，账户保证金不会变动，仍为99元，不影响赵某今日正常跑单。B.若赵某今天有一个已执行的取消单罚单被扣款100元，赵某的99元保证金会自动转入余额做抵扣。此时，"我的余额"变为－1元，账户保证金变为0元，也不影响赵某今日正常跑单。（因为赵某拥有免交保证金资格）C.若赵某今天同时执行了几个罚单，累计扣款200元，赵某的99元保证金会自动转入余额做抵扣。此时，"我的余额"变为－101元，不符合免交资格，赵某需补缴99元（保证金）+101元（余额欠款）=200元后方可正常跑单。

四、奖励活动

系统会不定时搞一些活动，完成多少单然后奖励多少钱，这个就要看自己的努力了，多劳多得。

五、关于骑手评级

每周都会有骑手评级，骑手评级跟完成一周完成订单量以及准时率、客户评分有关，这个是有金钱奖励的。

1) 根据订单分的不同，分为4/5/6个等级
2) 各城市订单分标准不同，以上海为例

等级名称	订单分
普通	/
青铜	100
白银	180
黄金	300
钻石	430
王者	470

标准奖励金

1) 标准奖励金由等级决定
2) 各城市奖励金标准不同，以上海为例

等级名称	标准奖励金/元
普通	/
青铜	0
白银	80
黄金	200
钻石	400
王者	560

订单分规则

1) 每1个有效完成单计为1个订单分
2) 每1个早餐/夜宵有效完成单有额外的0.5分订单分的加分

订单类型	分值
早餐有效完成单	1.5
夜宵有效完成单	1.5
其他时段有效完成单	1

注：
早餐时段：06:00～09:00
夜宵时段：22:00-24:00,00:00-02:00

奖金系数

奖金系数由服务分决定；服务分<=0时，奖金系数为0

服务分（X）区间	奖金系数
95<X≤100	1.1
85<X≤95	1
80<X≤85	0.8
0<X≤80	0.5

外卖骑手的一般配送流程

作为骑手应按标准配送流程完成骑手核心任务：将商家的餐品（产品）准时、准确地呈递给顾客，并在送餐过程中展现出专业、有礼的服务水准。

1. 抢单

在平台 App 上看到订单后，骑手需点击"抢单"按钮，"确认抢单"表示已抢到此单。

2. 到店

骑手查看订单详情，合理规划路线、前往商家，到达商家后点击"上报到店"按钮。

3. 取餐

骑手与商家确认餐品出餐情况，核对小票信息与货品无误，将餐品取走，点击"已取餐"按钮，并按要求摆放到外卖箱中。

4. 送餐

根据顾客地址、订单配送时长等信息合理规划路线，遵守交通规则，保证餐品正常送达顾客手中。送餐过程中注意：

（1）注意交通安全。

（2）注意餐品安全、卫生。在商家取到餐后，就放入配送箱内，中途不可取出，骑手送餐过程中，确保配送箱是锁上的，避免丢餐及其他意外发生。

（3）平稳骑行，避免洒餐等情况发生。

5. 送达

骑手到达顾客地址，联系顾客取餐，协助验餐，礼貌告别，并点击"已送达"按钮。

6. 顾客签收

顾客确认订单、收取餐品、货品。

选择合规电动车，更安全地跑单

　　每当到了吃饭时间，大家总会是在路上看到外卖骑手骑着电动车穿梭在大街小巷，争分夺秒地为大家送餐，而且每次交到我们手中的时候，都十分有礼貌，每次也都是新鲜热乎的饭菜。但是外卖骑手也是十分辛苦的，不管是什么样的天气，他们都骑着电动车在路上奔波。有时候风雨交加、大雪漫天，他们骑在电动车上的身影看上去那么单薄。很多人就会有疑问，为什么外卖骑手不换其他车呢？他们可以选择能够给他们遮风挡雨的交通工具，为什么单单选择电动车？

　　其实，外卖骑手选择使用电动车送餐也是有很多客观原因的。到了该吃饭的时候，一般都是下班高峰期，人流量、车流量都非常大，如使用体型较大的交通工具，几乎可以肯定会被堵在路上。外卖骑手送餐是有时限的，若超出时间就要承担一部分的责任，被扣钱是非常常见的。电动车轻巧便携，能够更好地穿梭在街道小巷里，机动性比较好，可以最大化避免堵车的问题，让外卖骑手可以及时把餐送到客户手中。从成本考虑，电动车价格便宜，不像汽车那样需要几万甚至几十万元，一辆电动车几千元就可以买到。对于很多平台来说，需要给外卖骑手配车，送餐肯定不可能只使用一辆车，使用电动车的成本比较小，不会对其造成资金压力。

在使用电动车送外卖的时候，安全是第一位的，除了交通安全，对电动车本身现在也提出了要求。根据我们国家相关的规定，从 2019 年 4 月 15 日起《电动自行车安全技术规范》将正式实施，简单理解，这就是全新的电动自行车国标了。

相比以前的标准，《电动自行车安全技术规范》增加了防篡改、防火性能、阻燃性能、充电器保护等技术指标，调整完善了车速限值、整车质量、脚踏骑行能力等技术指标。其中，最高车速由每小时 20 公里调整为每小时 25 公里，整车质量（含电池）由 40 千克调整为 55 千克，电机功率由 240 瓦调整为 400 瓦。

电动自行车是快递、外卖行业解决"最后一公里"问题的主要交通工具。因此，新的《电动自行车安全技术规范》无疑将会对上述新兴行业产生较大影响。

我国是全球电动自行车生产和销售第一大国，目前全社会保有量约 2 亿辆，年产 3000 多万辆。为推进新标准实施，进一步规范电动自行车生产、销售和使用管理，根据《标准化法》《道路交通安全法》《产品质量法》《消费者权益保护法》《认证认可条例》等法律法规，切实解决电动自行车治理难题，市场监管总局、工业和信息化部、公安部联合发布《关于加强电动自行车国家标准实施监督的意见》（以下简称《意见》）。

《意见》明确，要按照国家有关政策要求，推动示范引领，引导快递、外卖行业和政府、企事业单位公职人员率先使用合标电动自行车，发挥好示范引领作用。推动快递、外卖企业统一设计和采购符合新标准的专用电动自行车，采用辨识度高的专有涂装，并按照当地规定申请办理登记上牌手续。新标准实施后，快递、外卖企业应对配送人员进行严格管理，不得购买违标车辆以及非法改装车辆。

对新标准实施前在用的既不符合旧标准也不符合新标准的电动自行车，《意见》提出设置过渡期，发放临时号牌。鼓励群众主动置换和报废，要会同电动自行车生产、销售企业，通过以旧换新、折价回购、发放报废补贴等方式，加快淘汰在用不符合新标准的车辆。未按地方规定领取临时号牌以及过渡期满后仍上路通行的，公安机关要严格依法处罚。

新标准实施后将如何提升电动自行车的安全性能呢?

新标准规定电动自行车最高车速不得超过 25km/h，主要是考虑到如果车速过快，将直接增大交通事故的发生概率，一旦遇到紧急情况，骑行人做出相应避险动作的时间很短，刹车距离也会相应变长，很容易与其他交通工具或行人发生碰撞，有时甚至还会出现侧滑摔倒等失控现象，造成了许多人身伤害事故。因此，将电动自行车行驶速度控制在合理范围内，是确保安全的重要前提。

新标准规定电动自行车前、后轮中心距不大于 1.25米，车体宽度不大于 0.45 米，整车重量（含电池）不大于 55 千克。主要是考虑近些年，部分"超标车"车体越来越长、越来越宽，重量越来越重，外观和性能都逐渐摩托化，严重挤占了非机动车道的空间，这类超大车辆极易与其他非机动车以及行人发生碰撞。同时，如果电动自行车整车重量过重，碰撞时由于冲击力较大，将给对方造成严重的伤害。因此，为确保交通安全，必须对电动自行车长度、宽度以及整车重量加以限制。

近年来，电动自行车火灾事故频发，极易造成群死群伤的恶性火灾事故，严重威胁人民群众的生命财产安全。通过调查分析这些事故的原因发现，目前绝大多数电动自行车产品车身材料基本不具备防火阻燃要求，一旦发生短路等电气故障30秒内即会出现明火，随即全车的可燃材料都会起火燃烧，着火后3分钟火焰温度可上升至1200摄氏度，并迅速引燃周围的可燃物体，如果在室内起火，留给人员的逃生时间非常有限。据统计，2013年至2017年，电动自行车引发一次性死亡3人及以上的火灾事故累计达到34起，共造成158人死亡。2017年9月，浙江省台州市玉环市一群租房因电动自行车电气线路短路故障发生火灾，造成11人死亡，12人受伤。因此，新标准对电动自行车的防火、阻燃性能提出要求，减少发生火灾事故的隐患。

对外卖骑手来说，选择符合要求的电动车不仅能很大程度上避免或降低事故损失，而且在发生事故时对自己的人身和财产安全也是极大的保护。"超标车"一旦造成交通事故，由于其部分关键技术指标超出了电动自行车标准的规定，且动力性能明显高于其他非机动车，在司法实践中会被判定为机动车，从而使驾驶人在事故责任认定以及后续赔偿等方面承担更多的责任。例如，2018年，任先生骑超标电动自行车将一位步行横过道路的老人撞倒，老人经抢救无效死亡。经鉴定，任先生所骑电动车最高时速超30km/h，超出了《电动自行车通用技术条件》的规定，认定为机动车，任先生负事故主要责任，当地检察院以涉嫌交通肇事、未获得机动车驾驶证、驾驶未经公安机关交通管理部门登记的机动车上道路行驶等对任先生提起公诉。在这样的事故中，如果选择的是合规合格的电动自行车，相信事故的严重性会降低很多，骑手的责任也会更小一点。

所以，外卖骑手选择配送车辆时，要认准正规厂家的合格车辆，选择《电动自行车安全技术规范》要求的车辆，让自己更安全地挣钱。

电动车车牌办理指南（以北京为例）

步骤一：确认车辆是否在北京电动车产品目录内

若不在目录内，则为不合格电动车，需申请临时标识；

若在目录内，则为合格电动车，到交管部门申请登记挂牌。

步骤二：办理车牌

（一）不合格电动车

申请临时标识。

1. 发放范围：2018 年 11 月 1 日前购买，且未在电动车产品目录内。

2. 申领时间：2018 年 11 月 1 日至 2019 年 4 月 30 日。

3. 过渡期：三年（2018 年 11 月 1 日至 2021 年 10 月 31 日），过渡期满后不得再上道路行驶。

4. 申请入口：北京交警 App- 过渡期电动自行车申请临时标识平台 - 个人申报界面。

5. 网上办理操作步骤：具体流程解读可在北京交警 App 临时标识平台，查看"登记操作指南"。

（二）合格电动车

电动自行车应当经公安机关交通管理部门登记后方可在本市道路上行驶，在北京市申请注册登记的电动自行车，应当是列入北京市公布的《北京市电动自行车产品目录》的产品。（通过微信可快速查询你的车辆是否在目录中，只需输入商标名称或车辆型号即可一键查询）

1. 办理流程

（1）电动车所有人应当自购车之日起 15 日内到公安机关交通管理部门申请登记，现场交验车辆，并提交相关材料。

（2）公安机关交通管理部门对申请登记的电动自行车进行查验。

（3）车辆在产品目录内且申请材料齐全有效的，公安机关交通管理部门当场登记并免费发放电动自行车行驶证、号牌；不在产品目录内的，发放临时标识。

2. 办理材料

申请注册登记的，电动自行车所有人应当交验车辆并提交下列资料：

（1）非机动车登记申请表》；

（2）电动自行车所有人的身份证明原件；

（3）电动自行车合格证明；

（4）电动自行车购车凭证原件。

3. 办理费用

免费。

4. 办理时限

符合条件的，公安交管部门当场登记并免费发放行驶证和号牌。

5. 办理地点：

电动自行车所有人任选交通支（大）队非机动车登记站申请注册登记。

健康证办理指南——以北京为例

1. 办理条件

准备在北京从事与公共卫生（包括食品、化妆品、公共场所、生活饮用水、有害生物防制等）相关的职业的，必须首先办理《北京市公共卫生从业人员健康检查证明》和《卫生法规知识培训合格证》。

2. 办理材料

首次办理：身份证。

二次办理：身份证、原办理的合格证。

3. 办理流程

写登记表—划价—交费—照相—体检（培训）—

制证。

健康体检流程：

领取体检办证登记表、填表（领表处）—划价（划价处）—交费（收费处）—免费照相（照相室）—胸透（胸透室）—内科查体（体检室）—便检（便检室）—抽血（采血室）。

体验前务必保持空腹，以便工作人员抽血检验。

4. 办理地点

各个指定医院。

体检服务时间：每周一至周五上午 8：00~11：00。

取证时间：体检后第三个工作日下午 1：00~3：00（如：周一体检者周三下午领取《北京市公共卫生从业人员健康检查证明》）。

取证地点：体检大厅发证处。

办理时限：3-5 个工作日。

办理费用：约 63 元。

有效期：

《北京市公共卫生从业人员健康检查证明》：自体检合格之日起，有效期为一年。必须每年在规定的期限内办理复验换证事宜。

《卫生法规知识培训合格证》：自培训合格之日起，有效期为二年。必须每二年在规定的期限内办理复验换证事宜。

众包骑手标准服务规范

一、骑手标准工作要求

1. 仪容仪表要求

（1）着装：干净整洁，服装无明显破损及褪色。

（2）面容：面对顾客时刻保持微笑，双眼平视，表情自然真诚，嘴角往上提呈月亮弯，露出 6~8 颗牙齿。

（3）头发：头发不能染色，刘海长度不能超过眼睛，鬓角修剪整齐；女士长发必须上盘并用发网固定。

（4）指甲：手指甲必须清洁并修剪整齐，不能留长指甲，指甲不能超过手指肉；女生不能戴假指甲和涂抹指甲油。

（5）胡子：男士不可蓄留胡须。

（6）言谈：口腔无异味。

（7）气味：身上无烟味、酒味等异味。

2.行为举止及言谈话术

（1）配送过程中与商家、顾客沟通或接听电话时要使用"请""请问""谢谢""对不起""您好""麻烦您"等礼貌用语。

（2）配送过程中遇到他人要主动打招呼问好。

（3）言谈应诚恳庄重，声调适度，不可油腔滑调。

（4）在工作场所商谈工作、接电话、打电话等要注意场合和环境，不要动作过大或声音过响，妨碍他人工作。

（5）在通道、走廊走动时要放轻脚步；在通道、走廊里遇到老人或客人要礼让，不能抢行。

（6）按门铃的规范：按2~3下，停顿5秒，再按2~3下；敲门的规范：敲3下，停顿5秒，再敲3下。

（7）递交餐品或货物时，倾身15度，双手递餐给顾客。

二、核心工作要求

骑手的核心任务是将商家的餐品（产品）准时、准确地呈递给顾客，并在服务过程中展现出专业、有礼的服务水准。

1.熟练掌握接单及配送的技能

（1）快速掌握配送区域内道路及商圈情况，以便快速到达顾客、商家所在地。

（2）在保障订单时效的基础上，合理规划配送路线及时派送。

（3）准确核对小票和货品信息，并确保产品保质保量地被配送，注意餐具／餐巾纸、发票、包装袋的完备。

2. 树立优秀形象，展现热忱服务

（1）每日进行车辆清洁、安全检查；外卖箱内外部清洁，确认箱体无破损。

（2）保持整洁仪容仪表，面对顾客态度恭谦、有礼，按骑手标准配送流程完成履约配送，展现热忱服务。

（3）完整执行标准配送流程，遵守交通规则、安全骑行。

3. 掌握异常处理技巧及时上报沟通

（1）按需求完成订单配送，及时完成送餐任务，不得以任何理由拒绝配送订单。

（2）及时掌握路途中最新的交通变化和道路施工情况。

4. 装备管理及餐品放置

装备管理及餐品放置上，也要遵循一定的要求。

物料管理：珍惜、爱护工作物料，妥善使用、保管，避免损坏、丢失；物料发生损坏丢失的，需要及时补全物料，确保接单时物料配备符合标准要求。

每日接单前需检查内容：

（1）电动车：干净整洁，无泥垢；车身无明显破损；电量充足；检查车闸制动、车胎、后视镜等。

（2）外卖箱：确认外卖箱清洁，安装牢靠，无破损，图案无严重褪色；确保外卖箱门能牢靠关闭；确保外卖箱内有杯托；确保外卖箱内定期进行消毒擦拭，以确保无异味。

（3）外卖箱锁：骑手自行配备外卖箱锁，确保离开外卖箱时，外卖箱一直处于上锁的状态。

（4）外卖箱禁止存放任何的鞋子、衣服、裤子、雨衣。

（5）手机及充电宝：确保手机及充电宝电量能足够一天班次使用。

在餐品放置上，要注意以下事项：

（1）餐品放置应遵循大不压小，重不压轻的原则。

（2）餐品放置应保证餐品不晃动为原则，可以通过使用隔板杯托、调整餐品位置，尽量保证餐品不晃动。

（3）开口向上原则，所有餐品必须确保开口向上。

（4）冷热分离原则，冷的餐品与热的餐品要分不同的保温箱进行放置。

（5）预估餐品重量，确保所有餐品包装不被压变形。

（6）多订单餐品按送餐顺序放置，先送的餐品放上面，后送的餐品放下面。

5.骑手接单安全注意事项

（1）骑行安全

配送过程中严格遵守法律法规及劳务公司的各项安全管理制度和标准。

1）骑行时必须佩戴头盔，在非机动车道靠右行驶。

2）骑行时禁止接听电话，若有电话呼叫，需将车辆停靠在路边，停稳后再接听或拨打电话。

3）骑行时遇弯路需减速慢行，不得双手离把。

4）骑行时不得骑电动车牵引、攀扶其他车辆或者被其他车辆牵引。

5）行驶时不得俯身并行、互相追逐或者曲折竞驶。

6）行驶在通过没有红绿灯的交叉路口时，确认安全后方可通过。

（2）个人财产安全

1）上门送餐不进入顾客屋内，保障顾客隐私及骑手个人利益。

2）配送过程中电动车及外卖箱及时上锁，避免餐品（产品）及电动车丢失。

（3）配送食品安全

1）持真实有效的食品行业健康证上岗。

2）取餐及配送过程中避免交叉污染，不得将食物直接放置在地上或直接暴露在无包装环境下。

三、骑手配送行为规范

骑手在配送过程中须避免下列行为出现，确保配送服务品质及良好配送形象。

（1）禁止私自打开顾客订购货品（包括但不限于食品直接暴露、偷吃行为，包裹打开侵犯顾客隐私）。

（2）禁止将已倾洒食品继续配送给顾客。

（3）禁止不按实际情况配送，包括但不限于可上门配送而不上门配送。

（4）禁止送达后不与顾客取得联系，私自将产品放置门禁、前台等位置离开。

（5）禁止不诚信行为，包括但不限于谎称配送异常、诱导顾客退单、配送非订单明细上品类。

（6）禁止班前饮酒。

（7）禁止在接单及配送过程中与商家、顾客、站长、客服等相关人员发生冲突。

美团众包结算规则

1. 收入结构

①配送费：包括一般配送费＋奖励补贴（奖励补贴金额以订单详情内实时展示金额为准）；②其他奖励：特权单奖励、战斗力奖励。

2. 哪些情况可获得全部收入

①配送费

经劳务公司审核通过后可获得全部配送费金额。

②其他奖励

特权单奖励：送达一单红包单即奖励一单特权单。

战斗力奖励：在超过规定时间内送达，并且审核通过，战斗力奖励值全部发放。

3. 哪些情况下获得部分收入

①配送费

所有订单必须按照劳务公司管控规则操作，未在取货地点点击"取货"按钮、未在送货地点点击"确认达到"按钮、到店及配送时间不符合劳务公司要求的均只获得部分配送费金额。不符合配送规定的订单按照一定比例扣除配送费，扣除原因会在订单详情中展示。

违规行为	行为说明	扣款比例 / 扣款金额
取货违规	1）未在商家处 / 跑腿取货处点击取货 2）到店 / 到达跑腿取货处超时 3）上报到店时未在商家处点击上报到店 特别提示：满足其中一项即扣款	30%
送达违规	1）未在顾客收货处点击送达 2）送达超时 3）上报异常时未在顾客处点击上报异常 特别提示：满足其中一项即扣款	50%
仅送达	真实配送但取货、送达均违规	80%

②其他奖励：无。

4. 哪些情况不能获得收入

①配送费

a. 经核实被商家或顾客投诉配送问题的无法获得奖励；b. 由于骑手个人操作失误（如忘记点取货、不小心点错送达等）导致订单审核不通过的无法获得奖励；c. 骑手自己下单自己抢单进行配送，无法获得奖励；d. 因骑手问题导致顾客退餐退款的无法获得奖励；e. 外卖订单只接同一商家的订单视为商家小时工行为，无法获得奖励。

②其他奖励

特权单奖励：送达一单红包单即奖励一旦特权单；

战斗力奖励：a. 超过规定时间送达，战斗力奖励值为 0；b. 审核未通过，战斗力奖励值为 0。

5. 收入发放时间

①配送费发放时间：订单完成后 24 小时内劳务公司将发放现金奖励。

②其他奖励发放时间：

特权单奖励：24 小时内发放特权单；

战斗力奖励：72 小时内发放战斗力。

配送箱（包）的消毒流程

2017 年 7 月 11 日，中国烹饪协会团体标准发布会在京举办。饿了么携手百度外卖作为网络餐饮行业配送环节团体标准的起草单位，与中国烹饪协会联合发布了行业内第一个《消毒餐饮配送箱（包）》团体标准。

近年来，网络餐饮平台发展规模呈急速发展态势，配送环节的食品安全越来越受到消费者关注。为落实国家法律法规要求，控制网络餐饮配送环节食品安全风险，在中国烹饪协会指导下，饿了么牵头与百度外卖共同起草了配送箱（包）消毒标准。起草单位通过严谨细致的科学实验研究，对消毒剂的选择、消毒效果评价指标及具体标准值的设定，进行了认真的研究。标准主要包括感官指标和微生物限量指标，其中微生物限量指标明确：菌落总数小于 100 CFU 每平方厘米，大肠菌群不得检出。标准的发布和实施将有助于规范配送工具的清洗消毒，提升网络餐饮配送环节食品安全水平，在提供快捷便利的送餐服务的同时，保障消费者餐饮安全，同时也是行业自律，履行主体责任的重要举措。

根据《消毒餐饮配送箱（包）》团体标准基本要求，餐饮配送箱（包）应采用具有防霉效果的材料。餐饮配送箱（包）用于存放餐品，不得存放与餐品无关的物品。餐饮配送箱（包）应定期清洗消毒，应采用适合的清洗消毒方法对餐饮配送箱（包）进行清洗消毒。清洗消毒时使用的洗涤剂应符合 GB14930.1 的规定，消毒剂应符合 GB27952 的规定。配制洗涤剂溶液和消毒液所使用的水应符合 GB 5749 的规定。技术要求上，餐饮配送箱（包）内外表面应干净，无破损，不得有附着物，不得有油（汤）渍、泡沫和异味。

餐饮配送箱（包）清洗消毒方法：

1. 清洗方法

清洗前转移出保温材料等物品。

用自来水和（或）洗涤剂溶液清洗餐饮配送箱（包）的内外表面，内外表面应分别清洗，避免交叉污染。如使用材料进行擦拭清洗，应保证擦拭材料清洁卫生。如使用含有表面活性剂的洗涤剂溶液清洗或擦拭，应用自来水去除洗涤剂残留。

2. 消毒方法

采用乙醇（75%±5%）或有效氯浓度为 100mg/L~500mg/L 的含氯消毒剂溶液进行消毒，消毒方式可采用喷雾或擦拭。采用喷雾方式时，应使餐饮配送箱（包）内表面全部湿润，含氯消毒剂喷雾的作用时间为 30min，乙醇（75%±5%）喷雾的作用时间为 3min。采用擦拭方式时，应确保擦拭材料清洁卫生。

在确保消毒效果的前提下，也可根据实际情况，参照卫生管理部门关于印发《消毒技术规范》（2002 年版）的通知（卫法监发〔2002〕282 号）或 GB 27952 选择其他消毒方式或消毒剂进行消毒。

消毒后的餐饮配送箱（包）自然晾干或烘干，或使用已消毒的抹布、纸巾等擦干，避免受到再次污染。

案例: 饿了么配送箱消毒流程

下面我们以饿了么配送箱的消毒为例，为广大骑手介绍配送箱的消毒流程。

第一步，手部清洁。

清洁消毒前，要确保手部干净、清洁。可以在流动的自来水下用香皂、洗手液清洗手部，或者用消毒液喷洒手部，也可用一次性酒精消毒湿巾擦拭手部，或者直接佩戴一次性手套。

第二步，清除箱子内的物品。要将所有物品都清除出去，包括暖袋、冰袋、饮料架、隔板等。

第三步，配制消毒液和清洁剂。按照《消毒餐饮配送箱（包）》团体标准的要求配制消毒液和清洁剂。

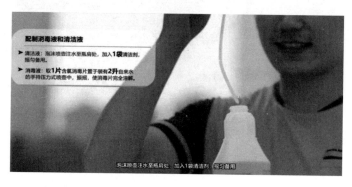

第四步，使用清洁剂对箱内进行清洁。喷洒清洁剂

要均匀，可以用干净的湿毛巾将清洁剂的泡沫均匀擦拭开，内部都要擦拭到位，不留死角。

第五步，箱内消毒。向箱内喷消毒液，使液体沿着箱壁流下，箱底铺满液体，晃动箱体，倒出液体。多重复几次，箱内要保证无肉眼可见的残渣和污物。然后向配送箱内部表面均匀喷洒消毒液，包括箱盖和角落。消毒液要沿着箱壁流下，覆盖箱底表面，盖上箱盖，静置10分钟。10分钟后，晃动箱体，倒出消毒液，用消毒毛巾擦拭干净箱内残留液体，然后将配送箱放置在通风处晾晒5分钟以上。暖袋、冰袋、饮料架、隔板等同样如此操作。

配送箱外部也要保持干净，无灰尘污垢。

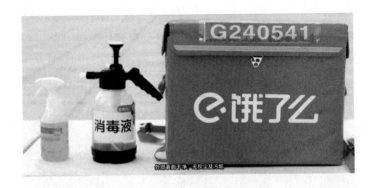

外部表面干净，无灰尘及污垢

第三章

外卖骑手跑单技巧

外卖众包跑单小秘诀

一、选择区域

一般办公区周一至周五订单较多，尤其是中午，做外卖骑手就是跑得多就挣钱，选择一个订单多的区域至关重要。居民区订单很均衡，但是主要是周六日单比较多，所以选择一个适合的区域对提高接单量是非常有帮助的。

二、熟悉区域

要去熟悉区域内的所有餐厅位置、写字楼及小区位置，还有路况，哪个路段哪个时间点堵车，有没有近路，这些都要熟悉。只有路、餐厅、小区都熟悉了送起单来才顺畅，因为送外卖要求送餐时间，只有熟悉了这些才能保障准时送到。

三、弄清楚规则

无论美团还是饿了么都有跑单规则，什么订单算超时，后台的活动奖励怎么才能拿到手，超时扣多少钱，差评投诉扣多少，这些都要了解明白，避免不必要的扣款。

四、学会抢单

跑众包是有方法技巧的，需要在工作中跟其他同事学习。外卖骑手一般把一个区域的订单量及高峰时段摸得很详细，大概哪个时间点开始爆单，爆单持续多长时间，在这段时间可以送几批订单，每批订单根据路程远近需要一趟带几单，都要考虑。因为送熟悉了，你就可以预测出订单从哪取餐送到哪儿需要多长时间，比如你一下抢了五单，规划好路线，先取哪单后取哪单，送餐顺序规划好，就能完成。送餐高峰期尤其要规划时间、规划好路线，这样才能多跑单。

五、给自己规划一个目标

要想挣钱一定要有目标，比如一个月想挣多少钱，然后拆分到每一天，一天要挣几百，需要大概跑多少单，都要有个规划。每天不达目标不罢休，这样每个月才能得到可观的收入。

六、自我要求

众包跟专送不一样，众包的外卖骑手上班时间很自由，但是如果想挣钱，就要自律，每天坚持上下班，自己给自己规定好时间，有的骑手三天打鱼两天晒网挣点钱也刚够自己零花，这样根本挣不了多少钱，就图了个自在，一年到头没有太大收获。

七、注意安全

安全最重要，骑电车送餐因为要求时效，好多外卖骑手为了赶时间不顾交通规则，骑车速度很快，经常出现交通事故，小事故赔几百私了一两天白干，大事故可能一个月几个月都白干，严重时甚至造成自己和他人的人身伤害，这就不是钱能衡量的了。所以要为自己为别人负责，骑车一定注意安全，建议除了平台和众包公司的保险，自己也要上份保险，提高自己的保障。

八、最关键的是服务态度

送餐属于服务行业，被差评投诉罚款也是最严重的，所以服务话态度一定要好，服务话术一定挂在嘴边。因为外卖骑手是有级别评判的，送得快送得多好评多差评少，你的评级自然提升得快，优质订单你会首先看到，优先抢，单也多，才能挣钱，所以做好服务收获自然会看到。

九、车辆检查

要定期给电车做检查，有问题的地方及时修理，这样不仅保障了安全，同时也会避免你在送餐途中出现一些意外导致影响订单配送。还要补充一点就是电瓶充电，最好配置两组电瓶交替更换使用，这样才能保障你全天送单，续航能力强跑单自然多。同时还有准备一个充电宝，保障手机电量，准备一个蓝牙耳机可以让你在送餐途中接打电话安全方便

案例：外卖骑手技能达人是这样炼成的

戴钦雄，一个 1997 年出生的年轻"靓仔"，在 2017 年加入饿了么蜂鸟专送，2019 年 9 月以来，持续创造了日均单量 50+，月度峰值单量 1800 余单的惊人业绩。究竟是什么样的独门绝技成就了单王？他身上有什么好的经验可以让我们借鉴呢？

一、安全至上

安全无小事，出了事都是大事。有很多外卖骑手为了争分夺秒不惜违反交通规则，这其实是得不偿失的，挤来的这一丁点时间，也许会以更大的损失作为代价。对此，戴钦雄说道：要按交规骑车，定点停放，不要乱放，骑行的过程中尤其要注意戴头盔、控制车速。乱放不仅会让后续寻车、启动、腾挪产生额外时耗，不合规的停放会受到市政、交管等执法部门的查处。

二、熟悉线路，提前规划

入职初期，对惠州当地地形还不熟悉的他，在每天跑完单之后，还额外花时间专门来熟悉当地路线。对住宅、写字楼、商户都不太熟悉的他，起初只能骑着电动车或者步行，一处处了解一处处记录。久而久之，等自己熟悉这些路线之后，就能在抢单的时候提前做出预判了：他会依据商户所在地、客户位置及自己当前所在地和 App 中的取餐距离排序，综合判断出哪些单最适合抢，抢到之后走哪条路线最便捷，且能避免拥堵。

三、缩短无效时耗

手头上有多笔订单的时候，如果出现往返配送势必造成更多的时耗。基于前期对路线的熟悉，戴钦雄会将同一楼栋的订单一起配送。这里还有一些小窍门：第一，遇到小区、写字楼高峰时段电梯拥挤，且客户所在楼层不高的时候，多走楼梯；第二，同栋楼层电梯建议由高层往低层送。此外，时刻关注 App 中的热力图，到单量相对集中的地方等单，会缩短不少的等候时间。

四、装备管理

工欲善其事，必先利其器。良好的装备，是让自己成为单王的一个必要条件。外卖骑手爱护自己的装备，就要像战士爱护自己的枪一样。戴钦雄认为以下几个方面会是装备管理的关键点：

1. 车辆：自己备了两台电动车，每台骑行 4~5 小时，平峰时段充电换车；

2. 电源：与商家建立好关系，部分商家有可能会给予提供充电的帮助；

3. 充电宝：常备一个 10000mA 的充电宝，确保手机电量充足随时而可用；

4. 小工具：准备一个透明塑料手机袋，以便于雨天时段不影响手机的正常操作。

（资料来源：饿了么物流学院）

提升单量的 5 大秘籍

为什么系统给徒弟派单量都比我这个师傅的多？为什么最大背单量不起作用？为什么几个单子要多人送，这不是浪费运力吗？为什么系统会派给取餐距离比较远的骑手？外卖骑手的收入与订单数量成正比，所以外卖骑手非常关注自己的订单数量。但是却常常发现出现上述问题，找不到自己单量少的原因。下面我们就用解答问题的方式，来分析一下如何提升单量。

问题一：智能调度系统分单依据是什么？

答：分单依据主要有 2 点：分单时外卖外卖骑手所在的位置、身上订单的时间，同时还会参考地形、路径规划、个人背单能力、天气情况、压力值（高峰 / 闲时）。

外卖骑手的位置是指取餐距离远近、是否与已有订单顺路等（所有的距离都是实际导航距离，并非直线距离）；外卖骑手身上订单的时间是指身上订单是否超时、此单的取餐时间是否影响身上订单的配送等。

那为什么还会出现取餐距离过远、夹角大、不顺路、折返或者时间不够的情况呢？原因大多是因为平台这时没有更合适的外卖骑手，或者这次的订单与顺路外卖骑手已有背单的时间差异大等。

问题二：为什么别人拿单多，我拿单少？

外卖骑手单量多少受以下 5 点因素影响，分别是：

1. 外卖骑手所在区域

考察外卖骑手的单量分配情况，一般会从 7 天或者更长的周期来观察。一天或半天单量往往会存在一定的偶然因素，如会和外卖骑手当天的站位和跑位有关。但只要自己跑动起来，尽量多到热门的取餐送餐路径上，不在冷门的路径上等待，获单的概率就会更大。

2. 最大背单量

系统会根据外卖骑手近期的综合表现来评估出一个合适的最大背单量。

3. 出勤率

包含恶劣天气出勤率、早餐夜宵出勤率、小休次数。

4. 入职时长、在线时长、外卖骑手等级

入职时长、在线时长、外卖骑手等级都是系统在派单时要考虑的因素，其根本目的是通过这些因素来衡量骑手顺利完成派送的概率，保证配送的高效。其中高峰期的在线时长为核心考量数据，小休时间不算入在线时长。

5. 服务质量

包含好评率、超时率、差评率。

另外，如果挂单或者转单次数较多，则系统会调整外卖骑手的分单权重，导致部分外卖骑手接不到单，因此如果你想接更多单，则需要少挂单和转单。

问题三：如何才能接到更多的单呢？

这里我们总结了以下 5 个小技巧：

1. 延长有效在线活跃时间

有效在线活跃时间越长，系统会给你更大的分单权重，这里隐含了能者多劳的意思。在饿了么系统中，对于午高峰分单过少的外卖骑手，系统会在平峰期（特别是下午）给予补单。如果你的午高峰单少的话，下午尽量不要小休，这样就有机会拿到补单。

2. 早上班

早晨提前在热门餐厅附近上班，通过延长活跃时间，提高接到顺路单的机会。如果上班晚的话，热门方向的单可能就已经分给其他外卖骑手。

3. 多去热力区

平峰期送完单后及时回到热门餐厅附近，跑完一波订单后避免原地等待或到偏远的角落，这样就能大大提升接单率。

4. 根据区域热力时间规划跑单路线

不同时间段站点不同地方的热门度不同，在对应的时间段去对应的热门点。

5. 及时返回热力区

在晚高峰开始前及时回到热门区域，避免长时间在冷门区域等待，这样能成功收获一波晚高峰订单。现在外卖骑手 App 已经可以展示实时单量热力图。单量热力是展示当前区域的单量情况的地图，颜色越红，说明该位置单量越多，骑手紧缺。饿了么平台上热力值每五分钟更新一次。

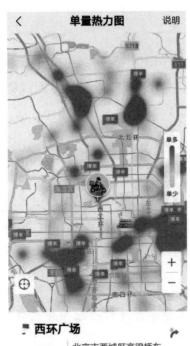

问题四：为什么设置的最大背单量没作用？

答：系统最大背单量目前评定标准是：入职 14 天内的外卖骑手，最大背单量在 3 单以下，可由站长根据实际能力进行调整；入职 14 天以上的外卖骑手，最大背单量在 3 单以上，主要由系统评估外卖骑手表现并给出最大背单量。

其中以下几种情况的最大背单量，需要大家准确分辨：

1. 同取同送

同取同送情况下的 2 单或 3 单，都只看作 1 单。

2. 第二波次

波次定义：把出餐时间与考核时间相差较大的运单划分为两波，目的是防止外卖骑手未根据路径规划跑单，打乱合理的取送顺序，导致订单超时风险变高。

第二波次的订单量与第一波次的订单量分开计算。假如第一波次 2 单、第二波次 2 单，此时并不会看成是4 单。

3. 站点高压或特殊情况

站点高压情况（指可能每个人都在最大背单量边缘）

或特殊情况（比如偶尔需外卖骑手空载 4 公里取餐）时，系统会效率优先，进行合适的单量突破。

问题五：为什么几个单子不让一个人送，要分两个人？

答：此问题和系统派单考虑因素有关，派单时会从实际路线（非直线距离）、出餐时间、送达时间、压力系数等多因素出发。具体原因可能如下：

在多单情况下，可能新订单的出餐较晚，与外卖骑手原来订单的送达时间不匹配。在这个情况下，哪怕新订单与原订单顺路，也会分配给其他外卖骑手，避免原外卖骑手身上订单超时；

你（特别是新外卖骑手）已经达到了最大背单量，这个时候哪怕非常顺路，系统也会分给其他合适的伙伴。

问题六：为什么系统会派给取餐距离比较远的外卖骑手？

答：这个问题可能是以下几种原因导致的：

1. 近距离的外卖骑手对该区域不熟悉；

2. 近距离的外卖骑手不在此商户分组内；

3. 近距离的外卖骑手身上订单已达到最大背单量上限；

4. 直线距离近，但实际骑行距离较远；

5.此单的预计出餐时间较晚，影响近外卖骑手身上订单的配送；

6.考虑到单量均衡，给远处的外卖骑手补单。

如何规划送餐路线

如果你是新手，要想使你的配送效率提高，多跑单增加收入，你就需要对送餐线路进行规划，同样的时间送出更多的单。

一般外卖骑手要熟悉常驻区域 3 到 4 公里范围内的小区、写字楼、道路等情况。刚开始不要所有方向都跑。城市里建筑密度大，3 公里也不是很快能熟悉的。最好先熟悉一条线路，选择一条商家较多、小区比较密集的路线来练习。接单时选择这条路线，通过多次配送来达到熟悉的目的，比如从 A 取餐送到 B，然后从 B 取餐送到 A。这样既能保证你多跑单，又能帮助你熟悉路线。在熟悉了这条路线后可以选择其他路线，重复这个操作。对于非热点路线可以利用非高峰时段去跑，那时单少，你有足够的时间去熟悉，也不会耽误你挣钱。

对各个商家的出餐时间要做到心中有数，出餐慢的商家在高峰期最好别接它的单，一单出餐慢通常会影响你所有的单。个别商家是经常慢的，因为人手不够，厨房也小，一时扩充不了，而且是即炒类型的，单量稍微多点你就被堵死了。有些商家是骑手到了才做，所以要把做餐时间预算在内。遇到出餐慢的情况估计会超时的话，可以先给顾客发信息说明一下，毕竟不是骑手的原因，一般顾客都可以理解的。

对送货地址的难易程度要了如指掌。基本上多跑几次就都能知道。有些写字楼不让外卖员坐电梯，必须爬楼梯上去，有些是午高峰电梯根本等不到，光上下电梯就要花十几分钟。有些小区不让电动车进去，要走很远，有些保安不给开门，只能跟着别人进出。这些单尽量不接。就算接，也要把这种情况考虑到，在时间上有所计划。

接单时要把握节奏，不要一下接很多单，把时间间隔一下，接一两单取货，快送到了再接一两单，因为你的送餐时间是从你接单开始算的。对于送货地点，接单时最好是由近到远，如果你先接了一个远单，再接三四个沿途的近单，很容易导致远单超时。如果先接近单，再接远单，你的送货时间就很充足。当然啦，单量多的话，最好就接同一个地方的单。

　　小区、科技园、大学一般有地图栏，用手机拍下来收藏，有些门牌号是不规则的，百度、高德地图也没有显示，不好找到，需要你平时用心收集。

　　新手从两三单开始接，熟悉了再增加接单量，老超时被顾客催、被罚款是很影响心情的。

　　最重要的是工作时心情愉快，不要着急，相信熟能生巧，跑多了自然路线就熟，知道怎么接单最有利。

外卖骑手这样取餐，大家都开心

如何取餐，才能做到你开心，商户开心，客户也开心？取餐的顺利与否关系到你后续的配送是否及时。外卖骑手在商户取餐时，既要按照平台规定流程操作，也要从与商户关系出发，与商户建立良好关系，用细心、耐心、用心打动商户，双方共同努力，为客户及时送去丰盛的美食。

一般来说，外卖骑手的取餐流程是这样的：

1.查看订单详情，客户购买的餐品，可询问商家制作餐品需要的时间，根据制作时间合理安排路线。米线、面条、冷饮类餐品等取餐优先派送，防止餐品泡发及融化造成客户退单。根据手机 App 的订单信息安排线路，快速准确地到达指定的餐厅，车辆停放在安全可靠的地方并即时上锁。在平台软件上按照规定点击到店按钮。

2. 到达餐厅后主动与迎宾/服务员打招呼，并按照迎宾/服务的引导到指定区域取餐。主动报上取餐码，方便服务人员找到你配送的餐品。

3. 订单的餐品都准备好了，骑手可以直接与收银员进行检餐并结账，取好小票（客户有要求开发票的，根据客户的要求与收银员沟通开发票）。

4. 订单的餐品未准备好的，骑手根据餐厅人员的安排到指定区域等餐。等待期间不得抱怨商家以及客户，不得打扰商家正常营业，不得大声喧哗，接听电话时，走出商家店铺。等餐时间过长的，骑手要灵活地跟餐厅沟通进行催单。

5. 餐品取完之后要合理地摆放在箱内，可以向商户多索取一到两份的筷子、纸巾、塑料袋，以防万一。

6. 离开餐厅时向餐厅相关人员的配合表示感谢。

7. 取餐装车完成后，点击手机 App 的客户端中"已取餐"选项，并电话与客户沟通大概什么时间送达。

取餐顺利，会为后续的配送打下良好的基础，因此外卖骑手在取餐时要从细节上多注意。要提前核对商户的信息，以免跑错商户；要熟悉商户的出餐速度等特征，熟悉商家的优惠福利，了解商家工作人员，在出现问题时可以及时找对应的人员协商；取到商家提供的餐品后，需要仔细核对，确认餐品和订单一致，避免餐品不全或者出现错误配送餐品的情况，也要注意是否配有餐具等物品，餐品是否有破损、包装是否完整等；对于特殊餐品要注意拿取方式，核对无误后，骑手点击取餐完成。

取餐时，要注意文明用语。

取餐用语：您好，我是××骑手××，我来领取×号餐品；

核对餐品：您好，跟您核对一下，顾客买了××、××，对吧？

发现餐品不对，及时提醒商家：麻烦您看一下，这单好像不对。

索要餐具：请问能多给我一份筷子、汤勺、纸巾吗？我怕客户那边不够。

催餐：不好意思，请问×号餐可以快点吗？客户的送达时间快到了。

离开：麻烦您了，谢谢，再见！

外卖配送的必备话术

外卖骑手送餐非常辛苦，平台有规定、客户有要求，可以说每一单都是挣的血汗钱。客户的评价对于外卖骑手来说至关重要。外卖骑手在配送时除了保证按时及时高质量送达外，得体礼貌的语言沟通能够赢得客户的格外好感。下面为广大外卖骑手介绍一下配送过程中的话术，希望可供参考。

1. 基本原则

外卖配送沟通的基本原则就是保持礼貌的态度，常说"您、请、谢谢、对不起、不好意思、让您久等了、再见……"这类词语。

善用友善的肢体语言：面带微笑、目光注视、点头、倾身……

不与顾客争执，平等对待所有顾客；即使很忙，也要保持耐心和有礼貌；在顾客抱怨时，及时诚恳致歉与聆听，及时解决顾客问题，不推卸责任，不狡辩。

2.各个场景下的话术

（1）取餐时

见到商家："您好，我来取××外卖×××号餐品，谢谢。"

催餐：您好，请帮我催一下餐，客户的用餐时间快到了，谢谢！

清点餐品的同时如果客户有特殊需求，要礼貌地跟餐厅人员索要："您好，客户想多要一包番茄酱，麻烦您多给我一份，非常感谢！"

离开餐厅："感谢您的配合，再见！"

（2）送餐时

见到客户："您好，××外卖，请问您手机号后四位是多少？"

确认客户以后："这是您的餐，请您核对餐品！"

核对完成后："祝您用餐愉快，欢迎您再次使用××外卖，再见！"

当无法回答客户的问题时，不得擅自主张、不可信口开河，跟客户有礼貌地说："实在不好意思，这个问题我不是很清楚，您可以打电话给××外卖客服电话，让他们给您合理的解释。"

（3）顾客长时间不取货，电话询问客户收餐时间

①与用户协商，并约定可以等待用户收餐的时间。

标准话术："请问您大概需要多久方便收餐？"

②若超过与客户约定时间

标准话术："您好，为了不耽误其他用户订单的配送，请您方便的时候再联系我，我会尽快再次给您送来。"

（4）商家出餐慢

及时电话和顾客沟通，标准话术："您好，我是美团骑手，您订的餐因为商家出餐较慢，可能会延迟送达，麻烦您耐心等待，给您带来不便，还请谅解。"

询问餐厅，菜品还需多久时间做好。对餐厅的话术："您好！您能跟我说一下出餐的大概时间吗？我好联系客户别让客户等着急了，辛苦您了。"

（5）客户点的餐品餐厅售完了

骑手及时给用户打电话："您好，我是××外卖骑手，实在不好意思，您预订的×××餐品商家已经卖完了，您看您是取消这个订单重新点餐，还是我给您报几个同等价位的餐品，您挑选一下有没有中意的我给您换一个？

如客户要取消，要说："好的，不好意思耽误您正常

用餐了，欢迎您再次使用××外卖。"

如客户接受调换，要说："那我给您换成×××，这边做好了我马上给您送过去，请您保持电话畅通，谢谢！"

（6）客户发现漏餐、错餐

首先与客户道歉，并询问客户是想申请退款还是要补餐，建议引导给客户补餐/退餐。话术："实在对不起，由于我的疏忽，给您拿错餐/漏餐了，给您带来了不便，您看这样行吗，我立刻帮您回去换/重新取一份，以最快的速度给您送过来？"

（7）送餐延迟

首先与客户道歉，骑手要主动热情，面带微笑。话术："对不起，由于×××原因，给您送晚了，实在抱歉，下次我一定注意。"

如客户仍不接受，骑手要虚心接受客户批评，禁止还口狡辩，要极力安抚顾客情绪。

（8）骑手未超过配送时间，但是客户找理由要求退餐

此情况原则上是不接受退餐的，如果客户执意退餐，请客户联系客服。话术："不好意思，您这个情况建议您找××外卖客服处理，让客服给您解决问题。"

（9）到客户处，出现发票问题

情况一：送餐时没有注明要发票，送到后客户索要

发票。

解决方法1：和客户说明情况，请求客户的理解。
话术："不好意思，您备注里没有说明需要发票，我就没帮您索要。您看我现在手头还有别的客户的餐要送，不能帮您回去取发票了，下次您需要发票记得备注。"

解决方法2：骑手平时取餐时可以准备一些定额发票，如果客户索要，可以询问客户定额发票是否可以，如客户说可以，则将发票提供给客户。

情况二：客户备注需要发票，送到时客户发现发票抬头不对。

话术："实在不好意思，这是我的疏忽给您弄错了。您看我现在手头还有一些单要送，现在回去换发票不太方便，等我忙过了这一阵我去餐厅给您更换。您方便的时候我再给您送过来，您看行吗？"

（10）用户地址难找或不对

骑手要主动联系客户："您好，我是××外卖骑手，实在不好意思没有找到您标注的送餐地址。请问下您的地址该怎么走，我尽快帮您送到！谢谢！"

（11）送到后发现菜品洒汤

话术："实在对不起，为了早点给您送到，我就快马加鞭赶过来了，路上颠了几下，把汤弄洒了，不好意思，下次肯定注意。我这里有餐巾纸，帮您擦擦。"

（12）客户验餐时发现有异物

遇到这个问题，首先骑手要向用户道歉："实在对不起，这个餐有问题我会给商家退回去。您在订单界面申请退款，商家会退款给您，或者您重新在别的餐厅下单，我们会优先给您配送。您要是着急吃我到最近的餐厅给您买一份饭，别耽误您吃饭，您看行吗？"

禁止说："这问题也不大，您将就着吃，回头我跟餐厅反映一下，让他们注意。"

（13）遇用户特殊备注或者电话要求代购其他物品（非订单明细上的商品）

骑手及时联系用户，说明公司规定，不允许配送非订单明细上的品类，商家赠品除外。

标准话术："您好，我是××骑手，很抱歉，因为公司有规定，您备注需要额外代购的商品我们无法为您配送，请您谅解，谢谢。"

若遇用户不接受，可以请用户联系客服进行处理。

技巧千万条，礼貌第一条。作为一名优秀的骑手，文明用语，礼貌待人是第一步。

哪些差评可以申诉、如何申诉

　　客户恶意差评该找谁处理？客户让我路上再带其他东西否则给差评怎么办？用户给商户差评，却算在我头上该怎么办？……在实际中，外卖骑手会因为各种原因受到差评，有些是骑手的责任造成的，这种无可厚非，但有些则不能算到骑手头上。遇到这种差评，外卖骑手不能一味忍让，毕竟自己辛辛苦苦付出得不到应有的回报不说，还因为差评影响以后的接单。下面我们以饿了么蜂鸟配送为例，为广大外卖骑手讲解一下差评的申诉流程。

　　差评原因一：配送慢

　　场景一：用户差评理由为"配送慢"，但系统核实外卖骑手配送时间未超时，且未备注其他原因时，系统会自动免责，无须申诉。

场景二：用户差评未选理由，但在备注中描述原因为"配送慢"，则如外卖骑手在规定时间内送达，即可申诉处理。

如何申诉：联系站长后台申诉，选择"异常场景申诉"标签，提供在骑手范围之内配送完成的截图证据，审核通过后差评即可撤销。

差评原因二：餐品翻洒

场景：如果因为该原因给差评的用户购买食品为不可翻洒物品，比如香皂等商超食品时，即可申诉处理。

如何申诉：联系站长后台申诉，选择"异常场景申诉"标签，提供用户购买食品明细的截图证据，审核通过后差评即可撤销。

差评原因三：食品凉了

场景一：骑手报备用户不接电话而使餐品凉了才送到，骑手受到差评，这种情况下系统会直接免责，无须申诉。

场景二：该原因给差评的用户，如所在区域为站内维护的配送困难区域，比如学校、医院等，则系统会自动免责，无须申诉。

场景三：该原因给差评的用户，购买食品为凉皮等凉菜时，可进行申诉处理。

如何申诉：联系站长后台申诉，选择"异常场景申诉"标签,提供用户购买食品的截图证,审核通过后差评即可撤销。

差评原因四:不送上楼

场景一:当用户差评原因为"不送上楼"时,系统会读取订单是否为站点维护的配送困难区域,若属于,系统会自动免责,无须申诉。

场景二:用户差评原因为"不送上楼",但实际用户配送地址在一楼时,可进行申诉处理。

如何申诉:联系站长后台申诉,选择"异常场景申诉"标签,提供用户地址截图证据,审核通过后差评即可撤销。

差评原因五:额外索取费用

场景:用户差评备注原因属于商家问题,比如商家多收米饭钱时,即可申诉处理。

如何申诉:联系站长后台申诉,选择"用户评价与配送服务无关"标签提报,审核通过后差评即可撤销。

差评原因六:用户误评

场景:用户明确在备注中注明非外卖骑手责任,却误判给外卖骑手差评,可后台申诉处理。备注字眼如不好吃、少了筷子、不卫生等,或有描述外卖骑手送得快,服务好等好评。

如何申诉:联系站长后台申诉,选择"用户评价与配送服务无关"标签提报，审核通过后差评即可撤销。

差评原因七：恶意差评

场景：同一用户或同一地址同一天之内给出外卖骑手3单及以上"恶意差评"（多日下单，同一日差评即算），可申诉处理。

如何申诉：联系站长后台申诉，选择"竞对恶意差评"标签提报，审核通过后差评可撤销。

差评原因八：要求在配送时额外购买其他物品

场景一：用户要求帮买帮送东西，外卖骑手没有买而给差评时，可直接后台申诉处理。

场景二：用户有明显的威胁报复的言语，比如必须某人送等原因，否则给差评时，即可后台申诉处理。

如何申诉：联系站长后台申诉，选择"威胁报复"标签，提供以下任意一种证据即可：用户在备注中注明帮买帮送东西的截图，或e聊截图；如果录音中能证明外卖骑手无责，请务必在申诉时备注"录音可证明外卖骑手无责，请二审详细听录音"等相关字眼。

减少差评的小技巧

技巧一：商家出餐慢，积极联系是关键。

一定要提前打电话与商家沟通出餐的大概时间，合理调配手中订单，不压单、不凑顺路餐。在沟通中千万不要小看礼貌用语和微笑的力量，你是四星还是五星骑手，往往只有一个微笑的距离。

对商家的取餐用语："您好！您能跟我说一下出餐的大概时间吗，我好联系客户别让客户等着急了，辛苦您了。"

技巧二：出餐核对餐品，让你不走冤枉路。

把餐品准确快速送到客户手中很重要，如果只追求速度，最后送的餐品是错误的就得不偿失了。在商家取餐时，宁可多花几十秒核对餐品也不要错漏餐品再折返重送。一单折返的成本 = 浪费几十分钟 + 差评 + 其他单被影响＋情绪低落，这一连串的负面效应只需要核对餐品这一个步骤就可以完全避免。

发现错漏餐品后对商家的提醒用语："您好，麻烦帮忙看一下，这个餐好像不对，麻烦您核对一下，谢谢。"

技巧三：小区保安不让进，心态最重要。

现在不少小区都有保安人员，为了保证小区的治安环境，有些小区禁止外卖骑手、快递员等进入内部送货。遇到这种情况，外卖骑手要保持好心态，大家都是为了工作，请互相体谅，事情可以灵活处理。首先与保安好言相商，保持微笑，争取得到他们的体谅。如果确实进不去，调整心态，不让进就不进，不要强行进入，更不必生气上火，这时及时给客户打电话说明情况，请客户下楼自取；若有其他特殊情况，最好能请保安接听电话跟客户解释不允许骑手进入小区的原因。

对客户解释时的礼貌用语："您好，×× 外卖！请问是×× 先生／女士吗？您订的餐到了，因为门卫不让进，麻烦您来取一下，我在×× 地方，谢谢！"

技巧四：送餐车辆停放有讲究，指定地点或不碍他人准没错。

送餐时，车辆不要随便停放，一定要停放在有非机动车停放标识的地方，若没有停放标识便停放在不阻碍行人、车辆通行的地方。乱停乱放会引起一些不必要的麻烦，如：车辆被推倒、与被阻碍者引发争执、交警拖车等，既延长送餐时间又造成经济损失，真是赔了夫人又折兵。以下几个地方全国各地都是禁止停放的，请外卖骑手要牢记：楼道口、楼梯间、安全出口、走道、人行道、门厅、马路中间。

第四章

常见问题解决与报备流程

"异常报备"该如何处理?

从外卖骑手开始接单到送达的过程中,会遇到很多异常的问题,这些异常问题常常会影响订单的正常配送。在遇到问题的时候,外卖骑手要根据平台的规定及时上报,按照规定的流程来处理,保护自己的权益。

异常报备的场景有哪些呢?

目前,大部分系统支持对以下问题做异常报备:

取餐前,商户出餐慢、商户定位不准的报备;取餐后,联系不到顾客、顾客位置不准、顾客修改地址的报备。下面以蜂鸟众包为例,对各种异常报备的步骤进行阐述。

一、商户出餐慢报备步骤

第一步,满足以下四项操作条件点击运单页 – 遇到问题 – 商户出餐慢操作报备(需全部满足):在"建议到店时间"之前上报到店；点击到店至少 5 分钟；已经超过商户预计出餐时间；定位在商户附近。

第二步，拍摄符合条件照片正确报备：拍摄包含明显门店 logo 或门牌号照片或者包含文字清晰小票的照片（二选一）。

第三步，报备后建议联系用户告知商户出餐问题。

每单最多可报备三次商户出餐慢。

外卖平台在考核了商户的出餐时间后，各位外卖骑手也需要尽可能规范自己的到店操作，才可以报备。

二、联系不上顾客的报备步骤

报备条件：骑手已完成取货；骑手未能联系到顾客。

操作步骤：

第一步，进入订单详情选择"遇到问题"，点击选择"异常处理"。

第二步，选择"联系不上顾客"。

第三步，等待核实结果。

联系不上顾客报备的好处是，报备成功后超时免责；报备成功后 30 分钟内若顾客没有联系骑手，骑手可以无责取消；报备成功后有效完成配送可以额外得到 2 元的补偿。

需要注意的是，系统审核需要 5 分钟，请耐心等待，期间不可取消订单；每个运单最多报备 1 次联系不上顾客。若报备不成功需按时完成配送。

三、顾客定位有误的报备步骤

顾客定位有误首先做的是及时联系顾客，通过电话告知顾客定位地址不准，询问顾客的实际地址。在骑手已取货、顾客定位不准的情况下，可以进行报备。具体操作如下图：

报备商户定位有误成功后，若顾客修改后地址与原地址相差 1 千米以上，骑手可无责取消。报备后，系统会记录新的修改后的定位地址，期望外卖骑手可以如实配送至新位置。

注意事项是，单个运单最多报备 1 次顾客定位有误；若报备后骑手继续配送，超时不可免罚；报备成功后，若选择取消订单，需及时与顾客联系，并说明情况。

四、商家位置不准的报备步骤

如果骑手按照平台定位的商家地址去取餐，发现找不到商家，首先要和商家联系，确定实际的地址。确认商家的位置不准后，第一时间赶到正确的地址取餐，同时在系统报备商家位置不准。

第一步，进入订单详情选择"遇到问题"，点击选择"异常处理"。

第二步，选择"商家位置不准"。

第三步，填写商家"正确的地址"，并点击下方"立即提交"。

报备操作要在餐厅真实位置附近，报备后系统将修正商户位置，本次到店自动成功。提交的文本地址与店铺实际经纬度需匹配，否则不予采纳。单个运单最多报备 1 次商家位置不准。

意外事故处理流程

　　2019 年 10 月 26 号，骑手小李在中午与第三方轿车发生碰撞，导致对方轿车损坏。骑手小李发生事故后及时拨打 122 报警并向保险公司进行报案，保险公司立即派工作人员与小李取得联系，告知应急处理方式。据了解三者轿车是一辆宝马牌轿车，维修费用较高。

　　小李与车主前往指定 4S 店进行车辆定损，期间骑手一直与保险公司保持联系，并按照指导留存维修发票与事故认定书等资料。事故处理完毕，小李及时把理赔资料邮寄给保险公司。保险公司核实理赔资料齐全后，小李获得 8000 元赔偿。

　　在这个案例中，正是由于骑手小李面对事故操作准确，承担自己的责任，正确处理事故，及时报险，降低了自己的财产损失。

面对意外事故，外卖骑手应该怎样处理呢？我们下面给出一个一般流程，供大家参考。

1. 意外突发

报警处理事故，伤者应及时就医治疗。

2. 及时报备

专送：联系站长进行报备，按照指引处理事故；
众包：拨打保险公司电话保险，按照指引处理事故。

3. 准备材料

现场：注意留存相关拍照图片和凭据。
事后：准备身份证明、事故相关凭证、治疗费用相关票据等。

4. 申请理赔

专送：相关材料提交给站点保险负责人，由其进行线上理赔。
众包：骑手自主将所有要求材料邮寄到保险公司。

5. 赔付审核

专送：保险公司对理赔材料进行审核，可跟进站点保险负责人问询理赔进度。

众包：保险公司对理赔材料进行审核，材料齐全情况下，7~15 个工作日进行打款。

6. 理赔成功

如果涉及三方事故，请第一时间报交警 122，并由交警开具事故责任认定书；如果涉及人员受伤，请第一时间到二级以上公立医院治疗。保存好首诊病历和发票；医疗凭证中事故时间请务必如实填写，错误的事故时间将导致无法理赔。如果涉及三者车损，维修前要先通过保险公司完成事故定损。尽可能多地对事故现场拍照，包括事故全景（包含三者车辆、车牌）、损失部位（包括电动车与三者车辆），事故现场照片是理赔的重要依据。保存车主联系方式，有条件则陪同车主到 4S 店或维修厂，将事故照片、维修报价单、拆检照片（如有）等资料上传给保险公司，保险公司确认维修价格后方可维修。若未通过保险公司定损先行维修，产生高出定损价格的部分会让骑手自行承担。

拍摄三者车损事故现场照片需要注意以下几点：

首先，拍摄事故全景图，需要包括碰撞车辆全身，车牌尽量清晰。

其次，在碰撞部位拍照，先拍一张撞击部位整体的照片，然后再拍撞击部位细节照片，要能够体现损伤程度。

最后，环绕事故现场和碰撞部位多角度拍照，注意兼顾交通信号灯位置和道路标线，可以反映出事故发生的道路情况。

还有一种情况是，外卖骑手没有与第三者发生事故，而是碰撞了花坛、栏杆等公共设施，这时应该第一时间联系派出所，有派出所开具出警证明，如果事故发生位置有监控设备，可以调取事故录像。当然，如果责任清晰，可以不用调取录像。骑手拍摄撞毁物品照片，包括物品全貌、损坏部位细节照片，上传照片给保险公司，由其确定损坏物品赔偿金额。最后，骑手与物业或者损坏物品主人协商金额，达成一致后签署赔偿协议。赔偿金额协商不一致的，超过保险公司定损部分由骑手承担。骑手在平台将相关资料上交齐全，保险公司审核通过后，3~5 个工作日就能收到赔款。

配送常见问题的解决方法

1. 商户出餐慢导致超时、用户投诉、差评，怎么办？

答：为防止因商户出餐慢，导致用户投诉（仅限标签：配送超时）或者差评，建议外卖骑手可以进行异常报备，外卖平台后台会根据报备后的情况判断是否超时。如在报备后外卖骑手在规定时间内完成配送，则投诉不成立；但如用户给的差评标签涵盖了除"配送慢，食品凉了"外其他原因，则建议外卖骑手后台申诉时提供多报备材料，后台会综合评估进行分责。

报备后如用户取消订单并选择了配送时间长的标签，也不会是物流责任哦。商户出餐慢报备一次后仍取不到餐，外卖骑手可以使用多次报备（一单最多 2 次，一天 7 次报备机会），继续延长配送时间！

2. 用户地址错误，又无法联系上用户该怎么办？

答：目前联系不上用户，如果外卖骑手取消订餐后，取消分责是不清晰的，极有可能外卖骑手来背着个责任。正常情况下，外卖骑手需要多次拨打用户电话，确认联系不上之后，上报异常。只要平台审核通过，那么外卖骑手就可以优先去送其他的订单了。至于这个异常订单，如果能够联系上，那么外卖骑手可以进行二次配送。如果还是联系不上的话，可以直接退回商家处理。

3. 顾客中途改地址影响配送时长怎么办？

地址更改无疑会影响配送，对于顾客定位错误的问题，分恶意和非恶意两种情况，目前外卖平台的系统已经设置了校对用户下单时的文本地址与定位地址，如果超过 500 米，将要求用户修改地址。外卖骑手可以在外卖骑手 App 报备改地址，标记异常，并与用户沟通送达时间。外卖骑手遇到这种情况首先要与负责管理的站长联系，如果外卖系统有该项报备异常功能，及时报备。

外卖骑手规范操作指南

1. 仪容礼貌要求

面容：面对客户时刻保持微笑，双眼平视，表情自然；

仪表：头发整齐清爽、着装干净得体，无烟味、酒味等异味；

装备：每日开工前，请确认头盔、餐箱、服装整洁无污染。

2. 外卖骑手行为举止及言语话术

配送过程中与商户、用户沟通，多使用敬语，如：请、谢谢、对不起、您好、请问、麻烦您；

配送过程中出入小区住宅、办公区域，注意接打电话不要声音过大，手机音量注意调低，不要影响他人正常工作、生活；

按门铃的规范：按 2~3 下，停顿 5 秒，再按下一次，切忌连续按门铃；

敲门的规范：敲 3 下，停顿 5 秒，再敲 3 下，切忌连续敲门。

3. 配送操作规范要求

（1）开工前准备工作

检查装备、配送使用工具：

电动车：请检查电动车，确保车身干净整洁，电量足、刹车、制动、车胎等功能性硬件良好运行；

外卖餐箱：确认餐箱洁净、安装牢靠，确认餐箱内有杯托能帮骑手确保餐品完整；骑手的餐箱还需要一把安全锁，确保在送餐过程中餐品的安全；

手机/充电设备：确保手机运行良好，充电宝电量能支持当天正常跑单。

（2）配送规范

必须在商家/帮送用户取货处点击取货；

必须在收货地点处点击送达，且确认餐品已经交给用户或放在用户指定地点；

取餐时，请和商家确认打包餐品是否准确，参考用户备注提醒商家提供足够数量的餐具；

餐品送达时，请和收货人确认信息，确保餐品准确送达。

（3）异常情况严格按照流程操作

取餐时，如遇到商家出餐慢，必须在商家定位处点击到店、报备出餐慢；

送达时，联系不上顾客时，需异常报备，且必须在顾客收货处点击报备、报备联系不上用户后30分钟内顾客要求二次配送，外卖骑手必须进行配送。外卖骑手未将餐品送至顾客手中前，严禁点击"确认送达"；

送达时，严禁在未经用户允许的情况下私自放置餐品、严禁未将餐品交给用户前点击送达；

异常情况：商家自配送、商户已在平台关店、商家未营业、商户餐品售完、用户拒收，必须严格按照场景选择，定位需在商户或用户处。

外卖骑手必知的保险知识

2019 年 8 月 5 号，骑手小刘在送餐途中因路面有积水不慎摔倒，导致手臂骨折住院。小刘第一时间前往就近的医院进行紧急治疗，避免了因治疗不及时受到二次伤害。小刘及时与站长取得联系，向保险公司报案。保险公司了解到骑手伤情较严重，告知骑手先治疗，并通过微信把详细的理赔流程发送给了小刘家属。

小刘手术成功顺利出院，按照理赔流程的要求准备好住院的发票、病历、用药清单、检查报告等材料，在 8 月 19 号邮寄到保险公司。保险公司收到资料后核查资料齐全，做了赔付。小刘在 25 日收到自己的 2 万余元赔偿。

外卖骑手在配送的时候，时间紧任务重，往往比较着急。遇上特殊路况、恶劣天气，容易出现意外事故。现在外卖平台都要求骑手投保人身险、意外险、第三者责任险等，为的就是在出现意外情况时外卖骑手能有一个保障。

以蜂鸟众包为例，平台为骑手购买了蜂鸟众包网络平台配送人员意外险，由国泰承保。代理商可自主选择为骑手购买什么险种的保险。新的外卖骑手在正式工作之前也要问清楚，自己有哪些保险，保险范围是怎样的，出险以后应该怎么处理，流程、材料等都要事先明了，做到一旦出险，心中有数，处置妥当，最大化保护自己的合法权益。

蜂鸟众包网络平台配送人员意外险，由国泰财产保险有限责任公司承保，被保险人是蜂鸟众包网络平台（以下简称"平台"）的配送人员，年龄在 16–65 周岁；受益人是法定受益人；保险期限：每日 00：00 时起至当日 24：00 时止；责任期限：配送服务过程，即被保险人在平台抢单后去取餐、送餐及订单配送完成后 30 分钟内，（配送完成返回的时长不超过 30 分钟）。

保障项目	赔偿限额	保障范围
意外身故、伤残	RMB650,000 元	被保险人在保险期间（配送服务过程中），因遭受意外伤害事故导致身故或伤残，将在保险责任范围内赔偿意外身故或意外残疾保险金。

续表

保障项目	赔偿限额	保障范围
意外医疗	RMB50,000 元	被保险人在保险期间（配送服务过程中），因遭受意外伤害事故需门诊或住院治疗所发生的合理医疗费用。（事故发生之日起 180 日内实际支出的符合当地基本医疗保险规定的合理的、必要的医疗费用，按照接受治疗地当地社保医疗保险超过人民币100 元部分给付医疗保险金）
个人第三者责任（合法驾驶）	第三者直接财产损失 RMB20,000 元；第三者人身伤亡和第三者直接财产损失二者累计 RMB200,000 元	被保险人在保险期间（配送服务过程中），因过失导致第三者人身伤亡或财产的直接实际损失。（驾驶机动车需持有效驾驶证和行驶证）

这个保险中也包含了责任免除条款，下面列出了部分免责条款，因下列原因造成的损失、费用，保险人不承担给付保险金责任：

（1）投保人的故意行为；

（2）因被保险人挑衅或故意行为而导致的打斗、被袭击或被谋杀；

（3）被保险人妊娠、流产、分娩、药物过敏；

（4）被保险人未遵医嘱，私自服用、涂用、注射药物；

（5）被保险人受细菌、病毒或寄生虫感染（但因意外伤害事故致伤口感染者除外），或高原反应、中暑、猝死、食物中毒。

外卖骑手要清楚知道自己有哪些保险保障，知道哪些是免责条款，当然也需要知道怎么理赔。下面我们介绍一下理赔流程，仍然以蜂鸟众包网络平台配送人员意外险为例。

配送人员发生保险事故后，可以通过蜂鸟 App 进行在线理赔报案，由专业客服人员进行后续理赔服务；也可以通过 24 小时客服热线报案。

申请理赔时要准备好理赔材料。

1. 意外身故赔偿

保险金申请人向保险人申请保险金给付时，应提供下列证明文件和资料给保险人：

（1）保险金给付申请书；

（2）平台配送订单信息；

（3）受益人与被保险人之间的关系证明（法定受益人情况下提供）；

（4）所有受益人的身份证明及银行账号；

（5）公安部门出具的被保险人户籍注销证明、二级（含二级）及二级以上公立医院或保险人认可的医疗机构出具的被保险人身故证明书、殡葬证明（土葬可以提供村委开具的证明）。若被保险人为宣告死亡，保险金申请人应额外提供人民法院出具的宣告死亡证明文件。

（6）保险金申请人所能提供的其他与确认本项申请的性质、原因、结果有关的证明和资料。

2. 意外伤残赔偿

保险金申请人向保险人申请保险金给付时，应提供下列证明文件和资料给保险人：

（1）保险金给付申请书；

（2）平台配送订单信息；

（3）被保险人身份证明，证明需与投保时提供信息一致；

（4）二级（含二级）及二级以上公立医院或保险人认可的医疗机构或司法鉴定机构出具的伤残鉴定诊断书；

（5）保险金申请人所能提供的其他与确认本项申请的性质、原因、伤残程度有关的证明和资料。

3. 意外医疗理赔

保险金申请人向保险人申请保险金给付时，应提供下列证明文件和资料给保险人：

（1）保险金给付申请书；

（2）被保险人身份证明复印件；

（3）平台配送订单信息；

（4）二级（含二级）及二级以上公立医院或保险人指定医院出具的医疗费用原始凭证和费用明细清单、对应的病史资料。若紧急情况就诊医院不能满足级别要求，三天之内在此医院进行治疗，保险公司承担责任；

（5）保险金申请人所能提供的其他与确认本项申请的性质、原因、伤残程度有关的证明和资料。

4. 个人责任险理赔

保险金申请人向保险人申请保险金给付时，应提供下列证明文件和资料给保险人：

（1）保险金给付申请书；

（2）平台配送订单信息；

（3）造成第三者人身伤害的，应包括：受伤第三者的病历、诊断证明、医疗费等医疗原始单据（包括医疗费用清单明细）；第三者伤残的，必须提供国家认可的具备司法鉴定资质的伤残鉴定或医疗机构出具的伤残程度证明；第三者死亡的，必须提供公安机关或医疗机构出具的死亡证明书；

（4）造成第三者财产损失的，应包括：损失清单，支持损失金额的相关佐证材料；

（5）如涉及交通事故需提供警方出具的交通事故责

任认定书；

（6）被保险人与受害第三者所签订的经保险人同意的赔偿协议书或和解书；经判决或仲裁的，应提供判决文书或仲裁裁决文书。

表1 理赔所需材料

序号	材料名称	骑手医疗	骑手伤残	骑手死亡	三者医疗	三者伤残	三者死亡	三者物损
1	理赔申请书	√	√	√	√	√	√	√
2	骑手身份证明	√	√	√	√	√	√	√
3	交通事故认定书（如涉及交通事故须提供）	√	√	√	√	√	√	√
4	病例（按情况提供普通病例/或住院病例）	√	√		√	√		
5	用药清单/医院缴费发票/住院记录/及/或出院小结	√			√			
6	伤残鉴定书（具有相应资质的伤残鉴定机构）		√			√		
7	死亡证明			√			√	

序号	材料名称	骑手医疗	骑手伤残	骑手死亡	三者医疗	三者伤残	三者死亡	三者物损
8	三者身份证明（死亡或误工费提供户口本）/与三者赔付和解协议/支付凭证				√	√	√	√
9	受益人的身份证明			√			√	
10	财产损失须提供事故现场照片/财产损失维修发票（涉及维修的须提供）/财产购置发票（全损无法维修的须提供）							√
11	银行账户信息	√	√	√	√	√	√	√

材料说明：

1. 伤残鉴定：骑手伤残《人身保险伤残评定标准》；三者伤残《人体损伤致残程度分级》；

2. 死亡证明：死亡证明一般包括：医学死亡证明、法医学鉴定书、户口注销证明、火化证明、丧葬证明。死亡证明须提供上述至少2项，一般情况下提供医学死亡证明和户口注销证明即可，猝死的必须提供死亡证明及法医学鉴定书。

保险小知识问与答

1. 保险公司理赔多久可以到账？

个人意外险：理赔材料提交齐全后 3~5 个工作日；万元以上需要 5~10 个工作日，涉及调查的情况需一个月左右。

2. 对方要骑手私了，后期保险公司能赔吗？

这种情况无法赔付，保险公司赔付需有单据等材料上报。

3. 受害方要骑手垫付医药费，骑手可以垫付吗，对理赔是否有影响？

当然可以垫付，前提是要把对方就诊的所有理赔材料原件保留，对方身份证复印件保留。

4. 骑手被高空坠落的物体砸中能理赔吗？

属无法找到第三者的情况，会赔付。

5. 误工费需要提供什么材料？

个人意外险：骑手本人误工需要提供就诊医院出具的建休证明（病假单），赔付标准、免赔、最长赔付天数根据保险合同；涉及交通事故需根据交通事故骑手的责任比例进行赔付：全责 100%；主责 70%；同责 50%；次责 30%；无责 0%。三者误工需提供医院出具的建休证明（病假单），对方出险前 12 个月工资证明、银行流水加盖公章，若月均工资超过 5000 元 / 月还需补充提供完税证明加盖公章（入司未满 12 个月的，按实际入司月份提供即可）、工资单考勤扣款凭证。

6. 理赔时对去治疗的医院有什么要求吗？

就医需要在二级或二级以上的公立医院就医，但不包括主要作为诊所、康复、护理、休养、静养、戒酒、戒毒等或类似的医疗机构。

交通事故现场拍照技巧

一、不同类型事故拍摄技巧

1. 追尾事故照片拍摄技巧

一般来说，大多数追尾事故为后车负全责，此时需要拍摄照片包括：①一张车头（前全景）；②一张车尾（后全景）；③一张碰撞处局部细节照。车头车尾的照片需要把两车全貌、车辆牌照包括进去，地上的交通线都拍出来（用以界定责任）。

2. 十字路口事故照片拍摄技巧

发生在十字路口、转盘、高架等地点的事故，最少拍五张照片，分别为：①车头（前全景）；②车尾（后全景）；③碰撞处局部细节照；④涵盖红绿灯情况的照片；

⑤路口两车的位置情况。

3. 变道引发的事故照片拍摄技巧

此时需要拍摄照片包括：①一张车头（前全景）；②一张车尾（后全景）；③一张碰撞处局部细节照。车头、车尾要特别注意，最好是正前方和正后方拍摄，同时一定要把标线（实线、虚线、虚实线等）拍清楚，以方便交警判定变道事故责任。

4. 逆行事故照片拍摄技巧

逆行发生交通事故由逆行一方承担全责，此时需要拍照的图片包括：①道路标识；②两车碰撞细节；③行车方向与车辆位置示意图（车头、车尾各一张）。

5. 单方事故照片拍摄技巧

单方事故照片需要拍摄的图片包括：①事故现场全貌（前后45度角拍摄）；②损失部位（包括车牌、近照）；③车辆识别；④驾驶证、行驶证、银行卡等拍照。

以下五种情况不能使用快速处理流程：

1. 当事人不能自行移动车辆的；2. 驾驶人无有效机动车驾驶证；3. 碰撞建筑物、公共设施或者其他设施的；4. 机动车无号牌、无检验合格标志、无保险标志；5. 驾驶人饮酒、服用国家管制精神药品或者麻醉药品。

　　除了上述的常规拍照技巧，双方的驾驶证及行驶证也都要在现场拍摄，最好是把对方驾驶人也拍摄进去，可避免后期"顶包"的情况出现。

校园订单应该怎么送

　　如今，随着外卖配送的系统越来越成熟，外卖骑手已经遍布全国各地，为各个区域、各个行业的人送去热乎乎的美食。虽然学校都有食堂，菜式花样也不少，能够满足学生们的基本吃饭需求，但是很多对美食有所追求的学生越来越不满足于食堂的"老三样"，校园外更丰富的美食对他们具有极大的诱惑。所以，有很多学生也开始点外卖。虽然很多学校禁止学生点外卖，原因可能各种各样，但这依然阻挡不了校园单的产生。这就必然需要外卖骑手的帮忙了。

　　对于校园单，很多骑手比较头疼，因为有些学校不让外卖车辆进入，电动车骑不进去就要在偌大的校园里步行送餐，费时费力，还有超时的风险。其实，校园订单并不可怕，只要摸清它的特点，找到适当的方法，配送也会非常顺畅的。

校园订单的特点是：

学生用餐时间比较固定，基本上中午在 12：30 前，晚上在 6：00 前，所以订餐时间较为集中，尤其晚上的订单与上班族相比靠前，骑手们可以送完校园订单，还不耽误写字楼的订单。这一点对于骑手是好事。

学生可能自发指定了收餐地点，餐品送到后直接放在指定地点，拍照发给顾客就可以送下一单了，节约了骑手的时间。

很多地方学校较为集中，相距都不太远，平台上的顺路单就比较多，有利于骑手多做顺路单，一起配送。

了解了校园订单的特点，要想把校园订单送好送快，多出效益，骑手们还要掌握一定的技巧。

一、提前联系，摸清顾客时间规律

有时候我们的骑手把餐送到学校门口了，给学生打电话，语音提示暂时无法接通，联系不上顾客，只好在平台报备电话无法接通。结果，后来顾客打电话来问餐到哪里了，一说才知道顾客当时在上课，还没有下课，课堂老师要求静音，就没有看到电话。其实没有人会拒绝自己的外卖电话，在知道有可能外卖打电话的情况下顾客不接电话往往是有原因的。尤其是学生，他们的时间比较规律，骑手提前和他们沟通一下，了解他们的上课时间、作息规律，在联系时避开他们不方便的时间，送单就能少去很多麻烦。

二、问清校区不走冤枉路

很多大学分为不同校区，学生的活动空间比较大。对于校园较大的学校，当你对送达位置有疑问的时候，一定要与顾客了解清楚他的准确位置，避免走冤枉路。尤其是有的学校东西两个校区就隔了一条马路，如果订单地址标注不明，骑手往往需要花费很多的时间去找到正确的地址。这时，提前与顾客确定准确地址就很有必要了。如果确认后发现地址填错了，骑手要引导顾客在外卖平台上修改地址，因为有些平台规定口头修改地址无效。

三、核对订单是即时单，还是预约单

接到校园单要细心核实是即时单还是预约单，有些学生下单比较粗心，下了即时单，结果外卖送到了自己还没下课，偶尔还会遇到老师拖堂。及时核实订单情况，能最大程度上避免这个问题。

四、交接餐品要负责

如果不能当面和顾客交接餐品，一定要把餐品摆放的位置拍照发给顾客，并在线与顾客沟通清楚再点击"已送达"。因为一旦你操作了"已送达"，订单就会被关闭，顾客有问题也联系不上骑手。另外，学生用餐时间集中，经常会出现同时取餐的情况，人多单多，这时候要核实顾客手机尾号再交接餐品，防止取错餐的状况发生。

防止汤水外洒有窍门

在送外卖时，餐品漏洒是让外卖骑手非常郁闷的事，不仅会弄脏自己餐箱、衣服，更重要的是可能带来客户的差评，辛辛苦苦送一趟挣不到钱不说，还有可能因此被罚款、扣分。而在外卖餐品中，一些汤水类的外卖配送难度就比较大，比如饮料、米粉、麻辣烫等。汤汤水水对于新手来说绝对是配送"重灾区"，尤其在送餐高峰期，订单多、时间紧的情况下，汤水更容易发生洒漏，引起顾客的投诉和退货，造成不必要的损失。

可能很多骑手内心会说："打包是商家的职责，和我们没有关系吧。"但即使商家打包得不错，要加上我们的安全配送才能成为完美的一单。

面对千千万万的餐品和形形色色的顾客，如何在配送过程中避免洒汤，是成为一名合格骑手的自我修养之一。关于防漏技巧，每个人都会有自己的独特方法，下面我们总结了一些防止餐品撒漏的窍门，供广大外卖骑手参考。

1. 饮品类

①可以购买饮料用的泡沫杯架，骨头汤和麻辣烫注意放平稳。

②用泡沫等填充物将餐箱空间挤满，将饮料固定住就不易撒出。

③将密封饮料倒置检查，确定口是否封好。

④过减速带、坑洼地带减速慢行，减少颠簸。

⑤餐箱放在车辆前面不易撒汤，遇到奶茶之类容易倒的饮料，可以把餐箱的挂钩放到箱子里面固定奶茶。

2. 汤类

①使用适当的保鲜膜，要对餐盒有吸附性，为保证封口严密可以多用几圈保鲜膜。

②外卖餐盒用质量、密封性好的，袋子选用结实的。

③餐箱空间不满，餐品容易乱晃，可以在餐箱放一些干净卫生的填充物，如泡沫、海绵，尤其是箱子底部可以放一些柔软的填充物，减少餐品晃动。

④汤太多的餐品可以要求商户少放点，或者在不影响餐品质量的情况下，单独用外卖盒盛放汤水。

⑤汤水类外卖不要过多叠放，以免震荡挤压把盒子压坏。

⑥餐箱中用干净卫生的物品单独隔出一个小空间，盛放易洒餐品，如小纸箱、泡沫板。

⑦选用避震性能高的电动车，注意骑车速度和道路颠簸程度。

如果商家使用劣质包装盒或袋子打包、商家忙或其他原因不给打包或让骑手自行打包，该怎么办？

正确做法：与商家沟通重新包装／打包。

标准话术："您好，这样包装配送过程中容易洒餐／漏餐，是否可以重新包装／打包一下。"若商家不支持，拍照留证据，上报站长，通过渠道经理反馈给商务拓展人员去解决。

商家包装好餐品后，骑手最好再自己检查一遍，保证餐具一应俱全、食物数量正确、包装严密，确保无误后再进行配送，这样可以避免因配送导致的餐损，避免骑手承担不应该承担的责任。

如果一不小心汤还是撒了，该怎么办？

餐品漏后的正确做法：主动向顾客解释、道歉，耐心解释清楚原因后，大部分顾客应该能理解。如果顾客不接受道歉，可根据实际情况提出合理赔偿方案。

<h2 style="text-align:center">难配送餐品的配送技巧</h2>

易洒餐品配送技巧

这类餐品包括麻辣烫、未封口的奶茶、可乐、豆浆、大盒毛血旺等。配送时，要注意做到以下事项：

1. 保鲜膜缠绕打包盒可有效防止汤汁外洒；

2. 餐箱内餐品摆放很重要，重不压轻，大不压小，避免挤压，巧妙运用筷子做支架；

3. 打包袋与打包盒大致同等大小，过大的打包袋即使系紧也不容易固定住打包盒；

4. 随身携带小毛巾、打包袋、筷子，以备急用；

5. 餐箱内弄几个挂钩，把饮料挂上就不怕倒了；

6. 汤汁不易过满，太满提醒商家把汤倒出些，八成汤汁正好；

7. 遇到毛血旺、水煮鱼这种大件，需用保鲜膜缠边，再单独用袋子系紧，最后再套一个袋子；

8. 巧妙运用隔离板和餐箱内的粘贴；

9. 取餐时亲自用手360度按压一下餐盒盖，防止商家没扣实；

10. 泡沫板随时携带，以便填充空隙固定餐品；

11. 餐盒、饮料杯质量要好，发现劣质餐盒等，及时与站长反馈；

12. 匀速骑行，路况不好要慢行。

易变形餐品配送技巧

这类物品包括蛋糕、披萨等，配送技巧如下：

1. 致电商家冷保存，取时当面验完好；

2. 轻拿轻放是关键，上提下托防移位；

3. 泡沫隔板来辅助，平放箱内勿倾斜；

4. 匀速慢行勿着急，急刹急转使不得；

5. 路面不平要避开，安全骑行记心中；

6. 递交客户要平给，当场核查有无损；

7. 面带微笑送祝福，客户满意好评到；

8. 用心对待态度真，答谢小费也许有；

9. 有事做到勤沟通，办法总比困难多。

不易携带物品配送技巧

这类物品包括鲜花、绿植等，配送技巧如下：

1. 鲜花务必轻拿轻放，避免折断或破损；

2. 取鲜花时，在商家拿小喷壶适当喷一下鲜花，保证新鲜度；

3. 避免暴晒，送的过程中尽量走阴凉处；

4. 鲜花最怕挤压，摆放空间应开阔；

5.容易丢失的小物件（小熊、卡片等）可以放置到配送箱，送达后记得小心放回鲜花中；

6.送达后核查鲜花的完整性，同时送上祝福语。

（资料来源：美团骑手）

细节成就单王

都说单王都是时间熬出来的，可同样是每天披星戴月地跑单，为什么同事满意度那么高？为什么自己准时送达，还是得不到顾客的好评？答案是，可能你忽略了配送过程中的一些小细节。

除了准时、安全送达外，还有什么影响着顾客对我们的评价呢？其实很多骑手都忽略了最关键的一分钟，那就是和顾客面对面的那一分钟。将餐品送至顾客手中这个动作只需一分钟甚至几秒钟，时间很短暂，但却是我们在顾客心中留下印象的"战场"，用好和顾客面对面的这一分钟，对你的送餐满意度有很大提升。

1. 好形象才有好印象

良好的个人形象不仅可以展示自身素质，还有助于获得他人喜爱，没人会喜欢邋里邋遢的人。工作或日常生活中，应保持头发清洁，面部整洁，身上无异味，发色不过度夸张，不留长指甲，男生不留长发（刘海长度不能超过眼睛）、不留胡须，女生不披发。配送期间佩戴头盔，保持制服干净整洁，给顾客阳光清爽的良好印象，是获得高满意度的第一步。

2. 你尊重顾客，顾客才会尊重你

心态决定了我们会以什么样的行为来面对客户，而我们的行为会影响客户的心理感受，所以积极良好的心态对提高服务效果有着直接的影响。发生分歧时，不与顾客争执，耐心聆听，礼貌解释，不推卸责任，不狡辩。对顾客保持尊重，平等对待所有顾客，忙碌的同时也要保持耐心和礼貌。相信你的尊重顾客感受得到，他们会给你意想不到的回报。

3. 送餐保持安静

进入楼道后，保持住宅区域的安静，尽量不要在楼道奔跑。敲门前，简单将衣装整理整齐。优先选择按门铃，如果没有门铃，要特别注意敲门的声音，禁止砸门或用脚踹门。电话联系顾客时，不大声喧哗，切忌喊话。不站在紧贴门口处位置等待，给顾客留下开门的空间，也避免我们自己被突然打开的门碰伤。

4. 文明用语让你我舒心

说话是一门艺术，也是一种智慧，有些人说话让人如沐春风，有些人说话却让人敬而远之。配送过程中微笑服务，多使用"您好""谢谢""再见""请"等文明用语。面对配送难题，保持沉稳，耐心沟通。送达时根据餐品类型提示顾客用餐注意事项，双手将餐品送至顾客手上，礼貌告别，转身离开。

5. 办公区域送餐要灵活

不少办公楼会有特定取餐地点，我们在等待顾客取餐时，最好选择醒目位置，方便顾客寻找，也能节省配送时间，看到顾客后主动提示顾客手机号后四位。如果是可以进入办公楼内送餐的区域，进入后注意保持安静。经顾客同意后将餐品送至办公室内，不打扰其他人工作。若顾客因工作原因无法亲自来取餐，不要一直等待，主动联系顾客，建议让其他同事代取。避免反复电话联系使顾客产生反感，影响用餐体验。

这些看似简单的细节，做到一两次很简单，但要养成习惯并不是一朝一夕的事，配送过程中应注意细节的处理，因为细节往往可以决定成败。

　　能成为零差评单王绝不是偶然事件，而是每一环节都尽力做到最好换来的结果，希望大家在配送过程中不要忽视有温度的小细节，注重用户体验，肯定能收获顾客好评！

第五章

骑手安全之交通安全

外卖骑手的安全检查与行驶

作为给千万送去温暖、可口美食的外卖骑手，每一天都辛勤地穿梭在大街小巷，努力快速安全地将食物送到每一个食客的手中。出色的骑手是提升配送服务质量的关键。要成为一名出色的骑手，不仅要对每一个业务环节精益求精，更需要拥有交通安全意识，因为"安全第一"是一切的前提和基础。

骑手要加强交通安全意识，保证在配送过程中人身、车辆、财产安全。具体可以从以下 3 个方面入手。

1. 车辆保管

对骑手来说，电动车是配送效率的决定性因素，如何保管车辆就变得尤为重要。而以下几点就值得引起注意：到达送餐地点后，应该尽量将车和固定物锁在一起以免丢失，配备一把好锁是必要的；若需临时停放，要尽量把车放在有监控和人流量较大的地方，若需长时间停放，不仅要去确认锁好车，最好把电瓶和车分开；当遇到车辆失窃的情况，应第一时间报案，做好备案。

2. 定期检查

电瓶车的定期检查是对骑手人身安全的重要保证。而在检查车辆时要注意以下细节：

1. 检查车闸时，要注意在刹车时车轮不能出现瞬间抱死、打滑、抖动和异响的情况；

2. 检查车把手时，要反复确认是否松动和控制车速的把手转动是否自如、是否有阻滞现象；

3. 检查转向轴时，要确认转动灵活、操作轻便，车轮转到极限位置时是否与其他部件有干涉现象；

4. 检查喇叭和指示灯时，要注意喇叭音量，指示灯的损坏，亮度是否有异常；

5. 检查轮胎时，要确认轮胎气压是否充足，是否有磨损情况。

3. 安全行驶

骑手应该严格遵守交通规则，不闯红灯、不逆行、不超速行驶（时速25公里以内）；另外行驶前要检查是否收起支架，配送箱是否固定在托架上，包带是否收起以免伤害到行人；在送餐过程中，车辆不可带人、踏板处不放配送箱，禁止一切危险驾驶的行为（如手拿电话、单手扶把等）；雨雪天配送时应减速慢行，刹车时缓慢制动，防止侧滑，不可涉水过深，控制器和电机涉水时，应及时切断电源待干燥后再行进。

当然，有时候事故无法避免，发生事故要从容地应对，做好相应的处理。当事故发生时，骑手要第一时间汇报给负责人并保护好现场；负责人会立即赶赴事故现场与交警或保险公司处理事故确认责任划分。

指示标志教你如何"行"

指示标志是指示车辆、行人按规定方向、地点行进的标志。

指示标志的颜色为蓝底、白图案。其形状分为圆形、长方形和正方形。

生活中常见的指示标志可以分为下列各类：

（1）直行标志：表示一切车辆只准直行。设置在必须直行的路口以前适当位置。有时间、车种等特殊规定时，应用辅助标志说明或附加图案。

（2）向左（或向右）转弯标志：表示一切车辆只准向左（或向右）转弯。设置在车辆必须向左（或向右）转弯的路口以前的适当位置。有时间、车种等特殊规定时，应用辅助标志说明或附加图案。

（3）直行和向左转弯（或直行和向右转弯）标志：

表示一切车辆只准直行和向左转弯（或直行和向右转弯）。设置在车辆必须直行和向左转弯（或直行和向右转弯）的路口以前的适当位置。有时间、车种等特殊规定时，应用辅助标志说明或附加图案。

（4）向左和向右转弯标志：表示一切车辆只准向左和向右转弯。设置在车辆必须向左和向右转弯的路口以前的适当位置。有时间、车种等特殊规定时，应用辅助标志说明或附加图案。

（5）靠右侧（或靠左侧）道路行驶标志：表示一切车辆只准靠右侧（或靠左侧）道路行驶。设置在车辆必须靠右侧（或靠左侧）道路行驶的地方。有时间、车种等特殊规定时，应用辅助标志说明。

（6）立交行驶路线标志：表示车辆在立交处可以直行和按图示路线左转弯（或直行和右转弯）行驶。设置在立交桥左转弯（或右转弯）出口处的适当位置。

（7）环岛行驶标志：表示只准车辆靠右环行。设置在环岛面向路口来车方向的适当位置。车辆进入环岛时应让内环车辆优先通行。

（8）单行路标志：表示一切车辆单向行驶。设置在单行路的路口和入口的适当位置。有时间、车种等特殊规定时，应用辅助标志说明或附加图案。

（9）步行标志：表示该街道只供步行。设置在步行街的两侧。

（10）鸣喇叭标志：表示机动车行至该标志处必须鸣喇叭。设置在公路的急弯、陡坡等视线不良路段的起点。

（11）最低限速标志：表示机动车驶入前方道路之最低时速限制。设置在高速公路或其他道路线速路段的起点及各立交入口后的适当位置。本标志应与最高限速标志配合设置在同一标志杆上，而不单独设置。

（12）干路先行标志：表示干路车辆可以优先行驶。设置在有停车让行标志的干路路口以前的适当位置。

（13）会车先行标志：表示车辆在会车时可以优先行驶。与会车让行标志配合使用，设置在有会车让行标志路段的另一端。标志颜色为蓝底，红色箭头一方让行，行进方向为白色箭头。

（14）人行横道标志：表示该处为人行横道。标志颜色为蓝底、白三角形、黑图案。设置在人行横道线两端适当位置。

（15）车道行驶方向标志：表示车道的行驶方向。设置在导向车道以前适当位置。需要时箭头可以反向使用。

警告标志告诉你要"谨行"

　　警告车辆、行人注意危险地点及应采取措施的标志我们称之为警告标志。驾驶员在一条自己不熟悉的道路上行驶，不可能知道行驶前方有潜在危险。此时，警告标志的作用就是及时提醒驾驶员前方道路状况，在到达危险点以前有充分的时间采取必要行动，从而确保行车安全。

　　警告标志的颜色为黄底、黑边、黑图案，其形状为等边三角形，顶角朝上。

　　常见的警告标志可以分为下列各类：

　　（1）交叉路口标志：用以警告车辆驾驶人谨慎慢行，注意横向来车相交。设置在视线不良的平面交叉路口驶入路段的适当位置。

　　（2）急弯路标志：用以警告车辆驾驶人减速慢行。

设置在计算行车速度小于60千米/小时，平曲线半径等于或小于道路技术标准规定的一般最小半径，及停车视距小于规定的视距所要求的曲线起点的外面，但不得进入相邻的圆曲线内。

（3）反向弯路标志：用以警告车辆驾驶人减速慢行。设置在计算行车速度小于60千米/小时，两相邻反向平曲线半径均小于或有一个半径小于道路技术标准规定的一般最小半径，且圆曲线间的距离等于或小于规定的最短缓和曲线长度或超高缓和段长度的两反向曲线段起点的外面，但不得进入相邻的圆曲线内。

（4）双向交通标志：用以促使车辆驾驶人注意会车。设置在由双向分离行驶，因某种原因出现临时性或永久的不分离双向行驶的路段，或由单向行驶进入双向行驶的路段以前的适当位置。

（5）注意行人标志：用以促使车辆驾驶人减速慢行，注意行人。设置在行人密集或不易被驾驶员发现的人行横道线以前的适当位置。

（6）注意儿童标志：用以促使车辆驾驶人减速慢行，注意儿童。设置在小学、幼儿园、少年宫等儿童经常出入地点前的适当位置。

（7）注意信号灯标志：用以促使车辆驾驶人注意前方路段设有信号灯。设置在驾驶员不易发现前方为信号灯控制路口，或由高速公路驶入一般道路的第一信号灯控制路口以前的适当位置。

（8）注意落石标志：用以促使车辆驾驶人注意落石。设置在有落石危险的傍山路段以前的适当位置。

（9）隧道标志：用以促使车辆驾驶人注意慢行。设置在双向行驶、照明不好的隧道口前的适当位置。

（10）铁路道口标志：用以警告车辆驾驶人注意慢行或及时停车。该标志有两种，分别为有人看守铁路道口标志，设置在车辆驾驶人不易发现的道口以前的适当位置，和无人看守铁路道口标志，设置在无人看守铁路道口以前的适当位置。

禁令标志告诉你要"禁行"

　　根据道路和交通情况，为保障交通安全而对车辆和行人交通行为加以禁止或限制的标志我们称之为禁令标志。

　　禁令标志的颜色，除极少数特殊的标志外，一般为白底、红圈、红杠、黑图案。禁令标志的图案压杠，其形状为圆形、八角形、顶角向下的等边三角形。

　　一般来说，常见的禁令标志可以分为以下各类：

　　（1）禁止通行标志：表示禁止一切车辆和行人通行。设置在禁止通行的道路入口附近。

　　（2）禁止驶入标志：表示禁止车辆驶入。设置在禁止驶入的路段入口，或单行路的出口处，其颜色为红底中间一道白横杠。

　　（3）禁止骑自行车下坡（或上坡）标志：表示禁止

骑自行车下坡（或上坡）。设置在骑自行车下坡（或上坡）有危险的地方。

（4）禁止行人通行标志：表示禁止行人通行。设置在禁止行人通行的地方。

（5）禁止向左（或向右）转弯标志：表示前方路口禁止一切车辆向左（或向右）转弯。设置在禁止向左（或向右）转弯的路口以前的适当位置。有时间、车种等特殊规定时，应用辅助标志说明或附加图案。

（6）禁止直行标志：表示前方路口禁止一切车辆直行。设置在禁止直行路口以前的适当位置。有时间、车种等特殊规定时，应用辅助标志说明或附加图案。

（7）禁止向左向右转弯标志：表示前方路口禁止一切车辆向左向右转弯。设置在禁止向左向右转弯的路口以前的适当位置。有时间、车种等特殊规定时，应用辅助标志说明或附加图案。

（8）禁止直行和向左转弯（或直行和向右转弯）标志：表示前方路口禁止一切车辆直行和向左转弯（或直行和向右转弯）。设置在禁止直行和向左转弯（或直行和向右转弯）的路口以前适当位置。有时间、车种特殊规定时，应用辅助标志说明或附加图案。

（9）禁止掉头标志：表示禁止机动车掉头。设置在禁止机动车掉头路段的起点和路口以前的适当位置。

（10）限制速度标志：表示该标志至前方解除限制速度标志的路段内，机动车行驶速度不准超过标志所示数值。设置在需要限制车辆速度的路段的起点。

（11）解除限制速度标志：表示限制速度路段结束。设置在限制车辆速度路段的终点。

（12）停车检查标志：表示机动车必须停车接受检查。设置在需要机动车停车受检的地点。

（13）停车让行标志：表示车辆必须在停止线以外停车瞭望，确认安全后，才准许通行。

（14）减速让行标志：表示车辆应减速让行，告示车辆驾驶人必须慢行或停车，查看干道行车情况，在确保干道车辆优先的前提下，认为安全时方可续行。设于视线良好交叉道路次要道路路口。

（15）会车让行标志：表示车辆会车时，必须停车让对方车先行。

关键时刻能救命的头盔

2019 年 8 月，浙江宁波一名骑电动车男子被右转弯货车撞倒后，车轮直接从男子的左肩和头部碾过，好在当时男子佩戴了头盔，在遭碾压时，头盔发泡塑料起了缓冲功能保护了头部，让这名外卖骑手幸免于难，成功从死神手中逃脱。

上述事件并非个案，骑行时不戴头盔发生的惨剧不胜枚举，令人扼腕叹息。那么骑行为什么要戴头盔？当然是为了保护头部，减少伤害。有数据表明，在每年超过 500 例的外卖骑手事故中，有 75% 的重大伤势是头部受到致命伤害。而骑车佩戴头盔可防止 85% 的头部受伤，并且大大减小了损伤程度和事故死亡率。

头部是人体中最重要的一个部位也是最为脆弱的一个地方。当你从静止的自行车上摔倒在地时，你的头部是以每小时 10 千米的速度着地，如果你没有佩戴合格的头盔，由此产生的碰撞足以导致你因头骨破裂而死亡。作为以骑行为生的骑手，我们应该养成每次骑行都佩戴头盔的良好习惯。

骑行头盔通过吸收碰撞的冲击力来发挥保护作用。换言之，每一个骑行头盔都具有泡沫内层，在事故发生时，泡沫内层会缓冲碰撞来减轻事故损伤，戴头盔者能使被撞的头部相对缓慢地停止运动。

能通过国家安全认证测试标准的骑行专用头盔一般由 7 个部分组成：

帽壳：即头盔最外层的硬壳。若发生意外碰撞时，帽壳是保护头部的第一道防线，用于分散撞击力度。

帽体：即头盔内部的泡沫内层，是保护头部的第二道防线，主要用于吸收事故中的撞击冲力，减轻事故伤害。

插扣及帽带（安全束带）：用来固定头盔位置。帽带固定于两侧耳朵下方，扣环的位置则固定在喉部。注意：在扣上扣环之后，扣环和喉部要预留 1 至 2 指的空间，切记不可太紧或太松。

气孔：气孔是为了帮助头部散热和通风，能在长途骑行中保证头发的干爽。气孔越多，骑行者会觉得越凉爽，但是，相对安全系数就越低。一般选择有适量气孔的头盔。

旋钮：骑行头盔后方有用于调节松紧度的旋钮。骑行者可根据自己头型调整头盔大小。

衬垫：衬垫能吸收骑行过程中人体排出的汗液以及微量震动。

很多人贪便宜，网购一个廉价的头盔就戴着上路了。殊不知，劣质头盔不但不能保护人身安全，还有可能造成二次伤害。当意外发生时，劣质头盔没有起到缓冲作用，自身破裂产生的碎片反而对骑行者产生伤害，此类事件屡见不鲜。便宜、好看、舒服不应该成为头盔选择的首要条件，安全放在第一位。

佩戴头盔时，应该注意以下事项：

1. 选用合适自己头型的头盔，以佩戴不易晃动及无不适感为准；

2. 佩戴时，请先将护目镜推开，再将头盔戴入头部，然后调整帽带并扣紧，防止行驶中脱落；

3. 行驶中必须将镜片调整到合适位置，以确保面部安全；

4. 头盔受到过一次较大撞击或头盔整体结构修改过，为了您的安全请不要再使用；

5. 头盔表面的污垢，请用中性洗涤剂擦拭，不要使用开水、盐水、酒精、汽油等有机溶剂或酸、碱等腐蚀性液体擦拭。挡风镜上的污垢，先用清水冲洗再用软布抹净；

6. 头盔应放置于阴凉通风处，防止受潮发霉；

7. 正常使用头盔安全有效期一般为 3 年；

8. 内衬清洗或头盔内部被雨水、汗水沾湿后，应放在阴凉通风处晾干；

9. 严禁在头盔壳体上开孔或修改内部泡沫层，以防损害其防震和抗穿透作用；

10. 切勿将头盔放在摩托车挂钩或暴晒在太阳下，否则头盔会因长时间受到高温影响导致缓冲层变形，从而降低头盔的安全性。

头盔以安全性、舒适性为首要目标，没有任何一项头盔能抵挡任何的撞击，而它只能给驾驶员最大限度的保护，最根本的保护还是需要骑手增强安全意识，不发生事故就是最大的保护。

夏季防暑小妙招

人持续在高温条件下或受阳光暴晒的情况下很容易发生中暑，中暑经常发生在烈日下长时间站立、劳动、集会、徒步行军时。轻度中暑会感到头昏、耳鸣、胸闷、心慌、四肢无力、口渴、恶心等症状；重度中暑可能会有高烧、昏迷、痉挛等情况。

夏天，外卖骑手需要在炎炎烈日下高强度工作，防暑非常必要。中暑的后果是很严重的，这里防暑的措施我们进行简单介绍。

（1）夏季的天气闷热异常，酷暑难耐，出门时要穿透气性好、浅色的棉质或真丝面料衣服。烈日下长时间骑自行车者，一定要穿长袖衬衫。

（2）出门时要做好防晒工作，如戴太阳镜、遮阳帽或使用遮阳伞，尽量避免长时间的日照。

（3）长时间在户外工作的人员，防暑药品一定要记得随时携带，如十滴水、人丹等。

（4）高血压、冠心病、脑血管硬化等患者不要长时间待在空调房间中，以防旧病发作或使原有病情加重。

（5）蛋白质的补充一定要及时，摄取量应在平时的基础上适量增加。可以选择新鲜的鱼、虾、鸡肉、鸭肉等脂肪含量少的优质蛋白质食品，除此之外，还可以多吃豆制品等富含植物蛋白的食物。

（6）出汗过多时，在补充水的基础上还应适当补充一些钠和钾。钠可以通过食盐、酱油等补充，香蕉、豆制品、海带等的含钾量通常较高。

（7）多吃各种瓜类食物，如冬瓜、丝瓜、苦瓜、黄瓜和南瓜。多吃凉性蔬菜，如番茄、茄子、生菜、芦笋等。多吃苦味食品，如苦菜、苦丁茶、苦笋等。

（8）夏季天气炎热，出汗量大大高于其他季节，体内水分流失严重，要随时喝水以补充水分，不要等口渴了再喝。

（9）在夏季，我们会常吃冷饮，以达到降温去热的目的，其实，这种做法不可取，因为这样会对我们的身体造成十分严重的危害。不要多吃冷饮，以免胃肠道血管收缩，影响消化功能。

（10）尽量不要饮用烈性酒。

（11）经常洗澡或多用湿毛巾擦拭皮肤，也可以达到防暑降温的目的。

（12）夏季时节充足的睡眠是必不可少的，合理安排作息时间，才会保持旺盛的精力。

此外，我们还有必要了解的是，如果发现自己和其他人有先兆中暑和轻症中暑表现时，首先要做的是迅速撤离引起中暑的高温环境，并在阴凉通风的地方休息，此时还可以多饮用一些含盐分的清凉饮料。接下来，可以在中暑者的额部、颈部涂抹清凉油、风油精等药物，或服用人丹、十滴水、藿香正气水等中药。如果出现血压降低、虚脱时应立即平卧，及时上医院静脉滴注盐水。对于重症中暑者除了立即把中暑者从高温环境中转移至阴凉通风处外，还应该迅速将其送至医院，同时采取综合措施进行救治。

谨慎提防车辆爆胎

车辆爆胎是件麻烦事，甚至是危险的事情。在夏季高温酷暑下，车辆更容易发生爆胎事故。以下为车辆爆胎的主要原因：

（1）气温高导致"爆胎"。由于热胀冷缩的作用，车辆在高温的条件下行驶时轮胎容易发生变形，抗拉力会大大降低，再加上轮胎在行驶过程中不断发热，而散热却相对较慢，于是气压随之增高，爆胎事故随之发生。

（2）胎压异常导致爆胎。胎压异常是指轮胎气压不足和胎压过高。胎压异常会引起轮胎局部磨损、操控性和舒适性降低、油耗增加等问题。胎压不足时，轮胎侧壁容易弯曲折断而发生爆裂。而胎压过高，则会使得轮胎的缺陷处（如损伤部位）在高速行驶过程中发生爆裂。

（3）轮胎状况不佳导致爆胎。轮胎的过度磨损、老化、开裂和外伤等也是导致爆胎的原因之一。

（4）路况不好导致爆胎。在导致爆胎的各种因素中，路况对车胎的影响也不能忽略，比如凹凸不平或者碎石比较多的路面，车辆在行驶过程中容易碾轧到坚硬的金属或其他硬物，在这种情况之下，爆胎事故极易发生。

（5）超速行驶导致爆胎。夏季由于气温较高，路面温度也随之上升，连续骑行及超速骑行常常导致爆胎事故。

发生爆胎事故常常给人们的生命财产带来极大的威胁，因此，对车辆轮胎的保养就显得尤为重要。如何对车辆轮胎进行保养，请注意以下几点：

（1）随时检查轮胎在冷却情况下的气压，发现气压不足，马上查找漏气的原因。

（2）经常检查轮胎是否有损伤，比如是否有轧钉、割伤，发现轮胎有损伤应及时修补或更换。

（3）避免轮胎接触到油类和化学物品。

（4）不管在什么情况下，不要超过驾驶条件要求和交通规则限制的合理速度，遇到前方有石块、坑洞等障碍物时应避让或缓慢通行。

驱除瞌睡虫，让骑行更安全

"春困秋乏夏打盹儿，睡不醒的冬三月"，睡眠是人类最基本的需求，每个季节我们都有大梦三秋的理由，尤其是在气温舒适、环境温馨的情况下，瞌睡虫总是能打败我们的意志。

从季节来说，秋季后天气凉爽，但身体却异常乏困。这是因为我们的身体在炎热的夏天处于过度消耗阶段，夏去秋来，气候变凉，人体出汗减少，身体进入周期性休整阶段。所以，此时人们的身体疲惫感比较明显。对于一般人来说，犯困不是什么太要紧的事情，但是对于外卖骑手来说，我们骑行送餐需要高度的注意力，这时犯困就是一件很危险的事情。骑手平均每天有 8 个小时奔波在送餐路上，运动量大，工作节奏紧张，有效解乏非常重要。

1. 作息要规律

最直接、最见效的解困方法，当然是——睡！对一个骑手来说，如果无法保证充足的睡眠，其清醒程度和反应灵活性会大打折扣。所以，一定要保证睡眠充足。避免疲劳骑行最简单的办法是尽量安排规律、充足的睡眠。睡眠是人体自我修复和休息的最佳途径，只有保证高效的睡眠，才能让清醒时的状态达到最佳。早睡早起是有效预防疲劳的方式，也是改善困乏的最佳途径。中午接单完毕后，要在下午三四点这个休息点适当"充充电"，小睡 20 分钟也利于化解困顿情绪。

2. 饮食清淡，补充水分

在饮食上，最好吃清淡些，因为油腻食物会在人体内产生酸性物质，加深困倦，所以平常多吃水果等富含维生素的食物，多喝水，最好是喝绿茶，提神抗疲劳效果比较好。

如果在疲劳驾驶状态下想要提神，不要采用吸烟或喝咖啡的方式。虽然吸烟和喝咖啡能提高人的兴奋度，但是却影响人的判断能力和分析能力。另外，这种提神作用也只是暂时的。不要吃含糖量高的食物，因为高糖食品进入人体会促使体内 5- 羟色胺的合成与释放，最终抑制大脑皮层兴奋，产生疲劳。最好多吃一些碱性食物，如水果、豆制品等，这样可以使大脑时刻保持清醒。

3. 适时进行心理、生理调节

在骑行过程中一旦出现打哈欠、手足无力等疲劳征兆，一定要停下来找一个安全的地方休息。如果没有这样的地方，则需要用冷水淋洗面部，活动四肢，等感觉好点之后再上路。

4. 切记空腹、吃撑

空腹容易引发眩晕或者低血糖，尤其在高温天气室外工作，人的体温升高，更易产生心悸心慌、出虚汗、四肢无力的情况，因此三餐一定要正常吃饭。但不能吃得太撑，相信大家都知道吃饱容易犯困，所以要注意日常三餐不能吃得太饱，七八分饱即可。当然也不能空腹，可以准备一些糖块儿应对突发性的低血糖。

5. 常备湿巾、清凉油

身体乏困时用湿纸巾或湿毛巾擦脸和脖子，可以让你精神为之一振；也可以用清凉油涂抹在太阳穴处，清凉油含有薄荷脑成分，薄荷气味清新，味道清凉，能够使人神清气爽、精神振奋。

6. 听音乐

困意来袭时听一首提神的音乐，相信强烈的节奏感可以让你跟着音乐兴奋起来。注意，骑行时最好佩戴蓝牙耳机，听音乐时注意路况。

7. 及时调整情绪

如果骑手骑行时有不良情绪也会影响安全，容易导致事故的发生。心理学家发现，如果路上车辆太多，需要不断停车、减速、等候的话，驾驶者往往出现多种心理疲劳症状，如血压升高、心情烦躁、精神紧张……所以，在驾驶过程中，如果有什么不良情绪则需要及时调整。

根据相关的数据统计，在以下三个"危险时段"中驾驶者最容易疲劳，因此，在这些时段中，驾驶者应尽量避免驾车。如果必须驾车，则需要提高警惕、注意防范。

11：00-13：00。经过了一上午的工作，人的大脑已经产生了疲劳之感，同时头脑反应也不是特别灵敏了。此时，如果再没吃饭，血糖不足，手脚疲软。如果吃过了午餐，大量血液又流向胃肠等消化器官，脑部供血相对减少，所以不容易集中注意力。

17：00-19：00。此时，天渐渐变黑，容易产生视觉障碍。经过一天的工作，人的脑力、体力都消耗了很多，所以疲劳感加重，如果此时驾车一定要提高注意力。

1：00-3：00。按正常作息规律来说，这应当是人们休息的时候，此时也是人们最困的时候，所以此时间段避免骑行。

道路千万条，安全第一条

　　众所周知，外卖骑手这份工作很辛苦，不仅要承受风吹日晒，遇到脾气不好的顾客也是分分钟差评，挣的每一分钱都来之不易。相信很多点过外卖的人都有体会，外卖除了好吃以外，我们还希望能尽快送到，这样味道更好。这就让很多外卖骑手为了达到顾客满意，得到好评，不惜铤而走险，骑车一路狂奔。有时为了赶时间，骑手无视道路交通法规，闯红灯、逆行、超速等各种危险行为屡见不鲜，不仅对给自身安全带来危险，还给社会交通管理造成巨大隐患。

　　2019 年 10 月，王某某（男，29 岁，外卖骑手）在驾驶电动自行车沿天津市南开区鞍山西道北侧非机动车道由东向西（逆向行驶）至与白堤路人行横道处时，与由南向北横过人行横道后左转进入非机动车道的李某

（男，50岁）驾驶的自行车发生道路交通事故，事故导致李某受重伤、车辆受损。根据现场勘查、当事人陈述、证人证言、视听资料、鉴定结论等证据证实：王某某驾驶电动自行车在道路上逆向行驶，发生道路交通事故，违反了《中华人民共和国道路交通安全法》第三十五条之规定，承担事故的全部责任，李某不承担责任。

像这样的交通事故路面上经常发生，对广大老百姓的人身、财产安全产生了严重威胁，增加了极大的社会隐患。外卖骑手经常违反的交通规则包括逆向行驶、乱闯红灯、驶入机动车道、随意变道、突然急转弯、车站未减速瞭望、骑行时手中拿东西等。相信很多骑手都犯过类似的错误。这其实是对自己非常不负责任的。

为进一步减少外卖骑手交通违法行为，预防和减少各类引发的交通事故，各地交通管理部门开始联合快递外卖企业探索改进、治理措施。如在上海市公安局交通警察总队的牵头组织下，上海28家快递外卖企业联合签订骑手交通安全联合承诺，推出使用电子号牌、放宽送餐时间、建立黑榜名单等十大交通安全举措。具体包括：骑手全面使用RFID电子号牌；与警方联合推进"上海市快递外卖骑行安全监控平台"建设，实现资源共享，信息互通；根据警方推送交通违法信息，主动提醒督促骑手处理；对存在2起以上交通违法未处理骑手停止派单，直至消除违法；督促骑手骑行途中严格遵守交通法规；督促骑手遇人行横道线有行人通过时文明礼让，停车候餐时规范文明停车等候，不妨碍其他车辆及行人通行；进一步提升骑手入门审核标准；放宽骑手送餐时限；完善骑手交通安全奖惩机制；将骑手交通违法、交通事故作为对加盟商（站点）考评及奖惩依据。

这些措施只是从管理者的角度制定的，而作为实际的当事人，外卖骑手应该看到这是对自己的一种保护，安全归根结底是为自己好。因此，在工作中，外卖骑手要积极主动学习道路安全知识，上路后严格遵守交通规则，保护好自己，更好地挣钱。

为了保证安全行驶，外卖骑手要按照 3 大准则来约束自己。

1. 佩戴头盔，检查装备

佩戴防护头盔能防止 85% 的头部受伤，减少损失和事故死亡率。要检查餐箱，收紧绑带，防止挂到路人。还有检查车辆情况，尤其是刹车，防止刹车不灵造成事故。

2. 指定道路，安全行驶

要在标示非机动车车道上行驶，不要驶入机动车道，和汽车相比，电动自行车完全没有防护优势。如果没有标示，在道路右侧行驶。保持安全车速，不超过25公里/小时。变道前要瞭望，减速，不要盲目抢道。

3. 保持车距，远离大车

保持足够的安全车距能给你留出应对突发情况的时间。因为电动车体积小，一些大车因为盲区存在，不容易看到旁边的电动车，这就要求骑手远离大车，尤其要注意内轮差带来的盲区。不要和大车长时间并行。

《北京市非机动车管理条例》关于通行安全的规定

第四章 通行安全

第十四条 驾驶非机动车上道路行驶，应当遵守道路交通安全法律法规的下列通行规定：

（一）不得双手离把。不得有分散注意力、妨碍安全驾驶的行为；

（二）在非机动车道内行驶。没有施划非机动车道的，在车行道的右侧行驶；

（三）不得逆行；

（四）遵守交通信号灯的指示。等待信号灯时，在非机动车停止线或者待驶（转）区内顺序等候；

（五）转弯时让直行车辆、行人优先通行。转弯前减速慢行，伸手示意，不得突然猛拐，超车时不得妨碍被超车辆行驶。设有转向灯的，转弯前开启转向灯；

（六）行经人行横道时避让行人；

（七）通过人行横道、过街天桥、地下通道时，下车推行，不得骑行通过；

（八）不得进入高速公路、城市快速路或者其他封闭的机动车专用道；

（九）不得牵引动物，不得拖拽、牵挂载人载物装置；

（十）法律法规规定的其他通行规定。

第十五条 驾驶电动自行车上道路行驶，应当遵守下列规定：

（一）悬挂号牌、临时标识，并保持清晰、完整，不得遮挡、污损；

（二）不得使用伪造、变造的行驶证、号牌、临时标识，不得使用其他电动自行车的行驶证、号牌、临时标识；

（三）制动、鸣号、夜间反光装置等安全设备性能正常。

第十六条 驾驶电动自行车上道路行驶，除遵守本条例第十四条、第十五条规定外，还应当遵守下列规定：

（一）驾驶人年满 16 周岁；

（二）成年人可以在驾驶人座位后部的固定座椅内载一名 12 周岁以下的儿童；

（三）在非机动车道内行驶，最高时速不得超过 15 公里。

本市鼓励电动自行车驾驶人佩戴安全头盔；电动自行车搭载 12 周岁以下儿童的，鼓励为儿童佩戴安全头盔。

第十七条 公安机关交通管理部门可以根据道路和交通流量的具体情况，对非机动车采取疏导、限制通行、禁止通行等措施。

公安机关交通管理部门应当根据道路交通情况，在非机动车道设置电动自行车的限速提示。

第十八条 禁止对出厂后的电动自行车实施下列行为：

（一）加装、改装电动机和蓄电池等动力装置，或者更换不符合国家标准的电动机和蓄电池等动力装置；

（二）加装、改装车篷、车厢、座位等装置；

（三）拆除或者改动限速处理装置；

（四）其他影响电动自行车通行安全的拼装、改装行为。

禁止驾驶拼装、改装的电动自行车上道路行驶。

外卖骑手电动车冬季如何保养

电动车作为骑手的标配，每天电量满满才能多跑单。冬天气温下降，寒冷的天气不仅让人瑟瑟发抖，对电动车电池来说也是一种不小的伤害，那么在寒冬电动车应该如何保养呢？

天冷要勤充电

气温下降，对电动车电池的容量会造成直接影响，冬天不要等电用完再充电，会伤害到电池。夏天可能一天充一次电就可以满足使用，现在可能需要一天充两次电。不要等电动车完全没有电了再充电，这样不仅会影响正常的使用，还会对电池造成伤害。天冷电动车电量最低不要少于30%，需及时充电。天冷时骑电动车时，电池内的容量最好不要低于25%。如果低于25%就会对电池造成损害，影响电池的使用寿命。亏电使用是冬天电动车报废的最大凶手！

正确掌握充电时间

根据实际情况准确把握充电时间，参考平时使用频率及行驶里程情况，把握充电频次。充电时间过长或过短都不好，过度充电和充电不足都会缩短电瓶寿命。一般情况蓄电池平均充电时间在 10 小时左右。充电过程如电瓶温度超过 65℃，应停止充电。电动车充电器经过震动以后，其内部的电位器会漂移，导致充电状态不正常，这样都会对电池形成损伤。因此，充电器尽量不要频繁震动。冬天给电动车充电，最好不要在室外，充电时间控制在 6–10 个小时之内。充电时，当充电器转灯以后，可以再浮充 1–2 小时，注意充电时间不要过长，时间过长会造成电池性能下降，对电池造成损害。

冬天不要盲目换电池

天冷电动车跑不远，不一定是电池坏了，气温回升就会恢复。电动车最理想的行驶环境是 25℃左右，这也是一般人会感觉到夏天电动车跑得远的原因。但是冬天气温下降厉害，电池的容量也会显著下降。当气温到 0℃时，电池容量大概只相当于正常的 70%，零度以下气温每下降 1℃容量大概下降 1%，气温越低，电池容量也就越低。电池容量越低，电动车的行驶里程就会缩短，这属于正常现象。

养成良好的使用习惯

电动车在刚起步的时候要注意不要直接使用电能起步，还有上坡或载重物的时候可以采用脚蹬起步，因为刚起步的时候需要的电流会很大，起步就用电能会损坏电池的电极板。在行驶过程中，电动车要频繁刹车、启动，在不好走或者车辆多的路段可以慢行，避免频繁刹车、启动时的大电流损伤电池。电动车在使用中如果发现指示盘上指示灯亮了，就不要再继续行驶了，因为这个指示灯一亮就表明已经到了电池欠压的状态了，继续使用会损伤电池，缩短电池寿命。

不使用电动车时每月充一次电

有些人由于天气冷，就会把电动车放置起来，气温回升后再骑电动车。在放置电动车前，先要把电动车的电充满，让电动车在有电的情况下放置，并每一个月给电动车充一次电，这样可以避免电池因硫化而造成电池的损伤。

雨雪天气如何才能安全配送

2019 年 11 月，有这样一个视频被广泛关注：狂风呼啸，路边的灌木全部倒伏无一幸免。一个穿着红色棉服的骑手顶着狂风，双手推着送餐的电动车举步维艰。同一时间，"北京外卖小哥风中寸步难行""恶劣天气应不应该点外卖"两个话题登上热搜。随着话题热度不断升高，评论的两极分化也逐渐明显。一方面，网友心疼在恶劣天气坚持送餐的骑手，认为在这样的情况下不应该点外卖。另一方面，例如"他需要赚钱，我需要吃饭，大家各取所需"的观点迅速占领了大量评论区。

对于这个话题，双方的理由都有一定道理。作为一个外卖骑手，相信我们对视频中的同行的遭遇都感同身受。外卖是一个服务行业，它的特点就是一切围绕顾客需求。当雨雪天气来临，很多顾客不方便外出就餐，点一个外卖也无可厚非。为了更好地完成自己的工作，面对雨雪等恶劣天气，安全、高效配送成为我们要思考的问题。这里为大家整理了雨雪天气配送的注意事项，希望对大家有所帮助。

1. 必备装备

骑手每天应留意天气预报，养成良好习惯，及时携带雨雪天气必备物品，包括保暖衣物、头盔、防冻围巾、防寒护膝、防风手套、分体式雨衣、雨鞋、防水手机套、塑料袋等。

雨衣、头盔是骑手雨天配送不可缺少的装备，雨衣可以有效地防止身体被淋湿，头盔可以有效防止头被淋湿，防止眼睛进雨水影响前方视线，更重要的是头盔在发生事故时可以保护头部安全，所以一定要佩戴。

相比于连体式雨衣，分体式雨衣更方便实用；雨鞋尽量选择轻便、易携带的；雨天拿出手机接单，手机容易进水损坏，此时小小的防水套就能发挥大作用，下再大的雨也不影响手机工作；日常携带几个塑料袋，防止餐品淋湿，还可以保护电动车的重要位置。

2. 遵守交通规则，减速慢行

"安全配送"无论在什么天气都是放在第一位的事

情，雨雪天车多路滑，骑手在配送过程中一定要注意行车安全，不要闯红灯、逆行、超车，遵守交通规则，文明骑行。

在雨天配送过程中，要有观看左右后视镜的习惯，这样可以有效观察左右后方车况。打开车灯，帮助看清路面，也能帮助别人发现你。车身保持与地面垂直，弯道刹车多用后刹车，防止侧滑。

在雨雪天配送的时候，时刻要注意自己的车速，雨雪天车轮胎和路面摩擦力低，一旦车速过快很容易造成车祸的发生。尤其是冬天路面积雪、积冰的情况，更要小心加小心。骑手雨天配送遇见路面积水，不要盲目跟从机动车路线走，路面积水深浅不一致，有些车能过，有些车过不去。水坑尽量别走，不小心骑进去了要快速回到看得见情况的路面。

切忌急刹车。雨雪天的时候，路面湿滑，在行驶过程中，车速不宜过快，骑行时对行驶路段的路况要及早作出判断，切忌急刹车，避免因车轮侧滑失控带来的意外伤害。

检查轮胎情况，确保胎压正常，磨损严重的轮胎建议更换。如果路面湿滑严重，有积雪等建议带上防滑链。

骑车在雨天配送过程中，遇见暴雨，切勿为争取取货时间、送货时间冒雨上路。暴雨会导致能见度距离缩短，易造成交通事故发生。

3.停车有讲究，充电要安全

雨天停车也是极为不方便的，尽量选择在有遮挡物的地方放置车辆，以保障配送工具不会因为雨水浸湿出现故障。不过要注意，不要违规停车。

遇到有积水的地方，尽量绕道；如果必须穿过，就仔细观察路面，选择积水较浅的路面，水深最好不要超过车轮的一半。避免因涉水而引发喇叭不响、刹车失灵等问题。

雨天配送行驶的过程中，电瓶难以保证不被雨水打湿，晚上休息的时候，一定不要着急充电，首先检查电瓶的干燥程度，如果打湿了，一定要吹干电瓶再进行充电。

雨过天晴，电动车淋雨后，把电动车放在通风的地方晾干。在往车上安装电池前，应先检查接口是否干燥，不可贸然放入电池接通电源，避免引发短路。

雨天路上行人稀少，小偷可能会更加猖獗，尤其是在配送写字楼的时候，配送时间比居民楼要稍长，也更容易被小偷盯上，所以停车最好能够找个有监控摄像头的地方，停车上锁，防止电动车或餐品被偷。

除了以上行驶技巧之外，雨雪天气还应合理安排手中订单，提前与顾客联系，请顾客耐心等待。

第六章

骑手安全之居住安全

警惕我们身边的"炸弹"

在日常生活中，我们每个人都难免会遇到或多或少的意外伤害或突发事件，这些突发事件往往给我们的人身安全带来巨大危害，因此，我们掌握一些日常生活安全小常识是至关重要的。

湖南某县的张先生在做午饭时，突然发生了燃气闪爆事故，导致正处于怀孕期的妻子被烧伤。事故发生后，经过燃气公司技术人员鉴定，事故原因是液化气罐底部漏气而造成燃气爆炸。根据张先生介绍，该气罐是他从一家五金店租用的，并且交了95元押金，后来又向该店更换过一罐液化气。经过工商部门检查，这家五金店既没有办理工商营业执照，也没有相关资格认定证书，其提供的产品为不合格产品。

在现实生活中，**液化气罐十分常见**，这些钢瓶从外观上看很结实安全，但是必须注意的是，这其中很多是不合格品，存在着十分严重的安全隐患，被人们称为身边一颗不定时的"炸弹"。

应该意识到的是，这颗"炸弹"的威力不容小视。液化石油气的爆炸速度达 2000~3000 米 / 秒，形成的冲击波在每平方米的壁面上产生 70 吨左右的推力。除此之外，它比炸弹更可怕的是，同时会引发火灾，如果附近还有石油气装置，连环爆炸事故就无法避免。

据相关部门的统计，在我国常年使用的 7000 万 ~8000 万个液化气瓶中，有超过 1/3 的气瓶存在质量隐患！

按国家技术监督局的强制性标准，制造液化石油气瓶的钢板必须是专业用的气瓶板。之所以采用专业的气瓶板，是因为这种钢板有足够的延伸率，即使瓶内液体受热膨胀，气瓶体积可以在一定程度上随之增大，避免瓶内压力过大而胀破气瓶，引起爆炸。但是，这种钢板比非专业用钢板每吨贵 400 多元。在利益的驱使之下，一些厂家为了达到节约成本的目的，往往用其他钢板取而代之。

除此之外，有的厂家使用厚度不合格的钢板。应该注意的是，钢瓶常见的质量问题还有焊接工艺不过关，存在砂眼、气孔等问题。

这些不合格的气瓶存在着严重的安全隐患，一旦遇热，或者发生泄漏，爆炸事故就很容易发生。那么，我们应该如何预防燃气瓶爆炸呢？

（1）我们一定不要有贪图便宜的心理，应选择到定点液化气站充气，走"正规渠道"，选"正规军"。

（2）我国规定，使用燃气瓶的周检时间为四年，且每隔两年就须送到法定检测单位进行周期性质量检验。若遇气瓶严重锈蚀、划痕或阀门松动等现象时，则须提前检验，以便及时发现问题，防止燃气瓶漏气。对使用期限超过 15 年的任何类型的钢瓶，登记后不予检验，按报废处理。

（3）一定要熟悉安全使用知识，对未经周期检验合格或有锈蚀严重、阀门松动泄漏等问题的燃气瓶坚决不用。

厨房安全不容忽视

在现代社会中，家庭中常常发生许多事故，如烫伤、失火等，这些事故大都在厨房发生。其实如果能够在厨房干活时多加留意，有些事故是完全可以避免的。我们一起来看如下注意事项：

（1）煮饭时，一切有手柄的炊具把手应该指向墙壁。这样即使有人经过炉旁，也不会碰翻锅子。

（2）一次不要储存过量液化气、煤油等燃料。而且，要贮存在远离炉灶、火焰的地方。

（3）油溅在地上须立刻抹掉；松脱或翘起的瓷砖也须重新粘牢，以防绊倒。

（4）煎炸食物的时候应小心，不要离开；所放的油不要超过锅深度的 1/3。油煮沸的时候，一定不要溅进水滴。

（5）在烹制油炸食品的时候，一定要提前预备锅盖及大块的湿毛巾，这种情况下即使起火，也可以很快将火扑灭。

（6）炉灶一定要经常检查、清洗，确保操作的规范。尤为注意的是，炉旁不应放置易燃物品，布块、塑料袋等易燃物品一定不要放置。

（7）一定要注意的是，刀子等危险物品要放在小孩拿不到的地方。

（8）大型家用电器如冰箱、洗衣机等，提防小孩子钻进去。

（9）厨房壁柜的门打开后要随手关上，柜门的尖角容易把人碰伤。

（10）炊炉火头不要开得太大。火舌在锅的边缘缭绕，这是很危险的。

（11）在厨房中，如插头、电源线或接头弄湿了，此时一定要截断电源，把湿的部分里里外外完全弄干才可继续使用。

（12）漂白剂、消毒剂之类有毒的用品放在高架子上或有锁的柜内，使小孩拿不到。不要把有毒液体盛在食物容器里或者和食物一起贮藏。

（13）如果手是湿的，一定不要触摸开关。

洗浴时注意防滑

现在，基本上城镇的居民家中都有独立的卫生间，24 小时热水随时供应，方便洗浴。这为他们的生活带来了极大的便利。然而，浴室中也隐藏着危险，在日常生活中洗浴时可能产生一些对骑手安全有威胁的隐患。

骑手赵先生刚刚洗完澡，还没来得及将卫生间浴缸里的洗澡水放掉，就听到电话铃响了。赵先生急匆匆地赶去接电话，完全没有注意到 3 岁的儿子正在干什么。当他讲完电话后，发现儿子摔倒在浴缸里，正在水中挣扎。惊慌的他一把提起儿子，手忙脚乱地一通检查。值得庆幸的是，儿子只是喝了几口水，受了点儿惊吓，并没有其他的大碍。抱着因为惊吓而大声啼哭的儿子，赵先生很是后怕……

在家里的浴缸滑倒的事故经常发生。儿童遭溺的意外不是十分常见，但也要注意防范。

（1）浴缸表面或淋浴间的地面如果十分光滑，应铺上浴室专用的橡胶垫或用防滑的材料，以防滑倒。

（2）在浴缸旁的墙上装设扶手，对上了年纪的人以及一些沐浴后站起时会头晕的人，这是尤为重要的。

（3）如有淋浴设备，最好装一个恒温器，这样做的好处是可以防止烫伤。

（4）浴室的电灯、热水器及其他电器由浴室外的开关控制，或由装在天花板的拉绳开关控制，这样就不会同时接触水和开关。

（5）一定要记住，千万不要在浴室之内使用交流电电器，例如交流电收音机等。水蒸气会在收音机壳内外凝结，致使机壳导电，这种情况下一碰就会触电。

（6）溅了水的地面要在第一时间抹干，以防滑倒。

（7）在地上铺的垫子，其底部必须能吸附地板，不会轻易滑移。

（8）不要把小孩独自留在浴缸或浴盆里。如一定要暂时离开，须把小孩也带出来，用毛巾包裹，以免着凉。

（9）使用天然气烧水的卫生间，要注意热水器工作正常，燃气燃烧充分，保持室内空气的流通至关重要，良好的空气流通可以避免一氧化碳中毒。

（10）不要把漂白剂或以漂白剂为主的洗涤剂和其他厕所清洗剂混合，以免产生有毒气体。

（11）洗衣机门要经常保持关闭状态，防止小孩伸手接触机件。

（12）如在浴室、厕所的门装插销，位置要高些，以免小孩触摸，把自己反锁在里面。钥匙一定要妥善保管。

安全用电警钟长鸣

　　科学技术是一把双刃剑，其实电能何尝不是如此呢？电能的两面性体现在它既能为我们的生产和生活带来方便和效率，在一定的条件下也能够给人们的生命财产带来严重的灾难。这里所说的"条件"就是安全用电意识不强，违反安全用电规程。我们还是先来看看以下几个典型的事例吧。

　　2018年11月13日，王某发现客厅的荧光灯不亮，于是自己进行修理。他将桌子拉好，准备将荧光灯拆下检查是哪里出了毛病. 在拆荧光灯过程中，用手拿荧光灯架时手接触到带电的相线（俗称火线），被电击，由于站立不稳，从桌子上掉了下来。

　　2017年5月5日，某地的一对孤寡老人因使用电热毯而引发大火，致使这对老人一死一伤。据初步调查，老人在睡觉之前没有拔下电源插头，电热毯内的线路老化，由于受潮造成短路而引发了火灾。

天气炎热，王某买来一台风扇，插上电源。当手刚碰到底座上的电源开关时，他发出一声惨叫，人当即倒地，外壳带电的风扇从桌子上掉下，压在王某胸部。正在隔壁房间午睡的儿子闻声起来，发现王某触电，立即拔掉插头，并且呼喊邻居来救人。由于天气炎热，王某只穿短裤汗衫，触电倒地后，外壳带220伏电压的风扇正好压在胸部，所以王某因心脏流过较大电流而当即死亡。后来仔细检查，发现风扇的导线、插头绝缘良好，接线正确，问题出在插座上。该插座老化，内部线路隔离不到位，通电后引起漏电，造成触电死亡事故。

上述事例只不过是电气事故的冰山一角，但足以引起我们的警醒！在各类火灾原因当中，电器原因引发的火灾居于各类火灾之首。据统计，每年我国因家用电器造成触电死亡人数超过1000人。因此，安全使用家用电器首先是防止人体触电。

外卖骑手生活不易，要掌握必要的触电急救知识，在遇到触电事故时，正确应对，提高抢救的成功率，把死亡率和伤残率降到最低限度。

现场紧急抢救触电者的原则可归纳为八个字：迅速、就地、准确、坚持。

1. 迅速

触电时间越长，造成触电者死亡的可能性越大。迅速原则要求争分夺秒使触电者脱离电源。脱离电源的方法视具体情况而定，如迅速远离电源、迅速拉开电源刀闸；用绝缘竹竿挑开断落的低压电线；供电局停电。只有触电者迅速脱离电源，才有生还的可能。

2. 就地

就地原则要求发现触电者呼吸、心跳停止时，必须在附近就地抢救，千万不要长途送往医院抢救，这样会耽误最佳抢救时间。应当记住，在触电者停止呼吸、心跳后分秒必争地就地抢救，救活的可能性才较大。统计资料指出，触电后 1 分钟开始救治者，90% 有良好效果；触电后 12 分钟开始救治者，救活的可能性就很小。

3. 准确

准确原则要求采用人工呼吸法和胸外按压法，动作、部位必须准确，动作必须规范。如果不准确，不规范，要么是救生无望，要么实施胸外按压时把触电者的胸骨压断。

4. 坚持

坚持原则要求只要有百分之一的希望就要尽百分之百的努力去抢救。触电者失去知觉后进行抢救，一般需要很长时间，必须耐心持续地进行。只有当触电者面色好转，口唇潮红，瞳孔缩小，心跳和呼吸逐步恢复正常时，才可暂停数秒进行观察。如果触电者还不能维持正常心跳和呼吸，则继续进行抢救。在医务人员未接替救护前，不应该放弃现场抢救，更不能只根据没有呼吸或者脉搏，擅自判定触电者死亡，放弃抢救。只有医生才有权做出触电者死亡的判定。

让孩子远离有毒的食物

病从口入，所以很多疾病都是起源于乱吃东西。平常生活中有一些食物虽然看似营养丰富，但是却会伤害孩子的健康，部分甚至会产生有毒物质直接危及生命。不少骑手为了让孩子不缺少父爱、母爱，把孩子也带到了工作的城市。城市各色的美食，让孩子馋虫大动。在享受饕餮美食时，一些有毒的食物可能在不留意间伤害到孩子。那么，到底有哪些食物会危害孩子的健康呢？我们一起来简单了解一下吧。

1. 哪些食物会危害孩子健康

（1）含有亚硝酸钠的食物

如果含有亚硝钠的食物腐烂变质、烹调的方法不当、煮熟后存放的时间过长，那么食物中的硝酸盐就会还原成亚硝酸盐，毒性比较强，对人体伤害很大。亚硝酸钠一般存在于大白菜、菠菜、韭菜、芹菜等食物中。如果家长给孩子吃了不新鲜的食物或者隔夜放太久的食物，那么就可能引发中毒，从而出现指甲青紫、呼吸急促、昏迷的现象，甚至还会危及生命。

（2）含有豆素的食物

鲜豆角或者大豆制品中就含有豆素，这种物质可导致血液产生凝集反应，并且出现头晕、头痛等症状。因此，在食用这类食物时，一定要彻底煮熟，避免中毒。

（3）含有鱼类组胺的食物

某些鱼类含有鱼类组胺，人体一旦进食后，就会出现心跳快、恶心呕吐、腹泻、荨麻疹过敏等症状，因此，家长不可以给孩子吃不新鲜的鱼类食物，而吃剩的或者煮熟存放太久的鱼也尽量别让孩子吃。

（4）含有苦杏仁苷的食物

苦杏仁、甜杏仁、樱桃桃仁、枇杷桃仁等都含有苦杏仁苷，其具有一定的毒性，食用会引发人恶心呕吐、呼吸急促，严重的还会出现呼吸微弱、全身抽搐等症状。因此，家长千万别让孩子吃这些含有苦杏仁苷的食物。

（5）含有莨菪碱、阿托品的食物

曼陀罗之类的野花野果中，就含有莨菪碱、阿托品这些有毒物质，会使人体出现头晕头痛等症状。因此，路边的野花不要采，家长更要教会孩子别乱吃野花野果，以免中毒。

2. 常见的食物中毒

目前，常见的食物中毒多为细菌性食物中毒。生活中常见的食物中毒有以下几种。

（1）由沙门氏菌引起的食物中毒。这种细菌主要污染肉类、鱼类、禽、蛋类，在70℃条件下，5分钟内可全部被杀死。因此，预防食物中毒的方法主要是加热。在炖煮肉、禽类食品时，要尽量将块切得小些，食物要充分煮熟、煮透。喜爱吃烧烤食品的朋友们在烤肉时要把肉彻底烤熟。吃剩的食物在存放时，温度应控制在4℃以下。

（2）由葡萄球菌引起的食物中毒。此类细菌主要污染乳制品、蛋类制品，在剩饭、剩菜中也大量存在。这种细菌为人体本身所具有，可在高温加热条件下杀灭。因此吃剩的饭菜即使在低温条件下贮存也不宜超过4小时，剩饭菜必须重新加热后再食用。在食用冰淇淋、牛奶等制品时要注意食品的新鲜、卫生。

（3）由肉毒杆菌引起的食物中毒。这种细菌主要污染腌菜、酱菜、豆酱、豆豉、罐头等发酵食品。其可在密封、没有氧气的条件下生长，但在盐量达14%时可被有效控制。所以在腌渍食品中维持一定的盐量可有效杀死细菌。

（4）由志贺氏菌引起的食物中毒。此类细菌主要存在于蔬菜中。特别是凉拌菜，由于不能进行加热杀菌而大量存在。所以做菜时一定要注意卫生，做菜前一定要洗手；炒菜要烧熟；做凉拌菜时，生菜要洗净，有条件的话生菜要尽量焯一下。同时注意不要喝生水，不吃腐烂、变质的蔬菜。

（5）由副溶血性弧菌引起的食物中毒。这种细菌主要污染海产品、鱼虾、贝类等，在加工、制作海产品的饭店、食堂的案板上大量存在这种细菌。这种细菌有一个特点：在醋中5分钟可全部被杀死。因此，在制作、加工海产品时要特别注意生熟分开，食物要加热熟透。必要时在海产品中加适量的醋也有助于杀灭细菌。

此外，我们大家还要熟识一些基本常识，如一些食物的不当搭配、混合也会引起食物中毒，扁豆、四季豆等未烧熟，土豆发芽等均可引起食物中毒。同时，一些蔬菜中的硝酸盐含量较高，这些蔬菜由于受到细菌的污染而生成亚硝酸盐也可造成中毒，所以腌制蔬菜时最少要腌制20天以上才可食用。同时，蔬菜腐烂变质也可使亚硝酸盐含量增加，所以蔬菜不宜放置时间过长。

3.食物中毒的预防

食用了不利于人体健康的物品而导致的急性中毒性疾病我们通常称之为食物中毒。食物中毒通常都是在不知情的情况下发生的。食物中毒是由于进食被细菌及其毒素污染的食物，或摄食含有毒素的动植物如毒蕈、河豚等引起的急性中毒性疾病。变质食品、污染水源是导致食物中毒的根源，不洁双手、不洁餐具和苍蝇是主要传播途径。

在日常生活中，我们可以采取哪些措施预防食物中毒呢？

（1）不要随便吃野果，吃水果后不要急于喝饮料尤其是水。

（2）刚刚做完剧烈运动后不要急于吃东西、喝水。

（3）不到无证摊点购买油炸、烟熏食品。

（4）挑选和鉴别食物十分重要，一定不要购买和食用有毒的食物，如河豚、毒蘑菇、发芽土豆等。

（5）烹调食物要彻底加热，做好的熟食要立即食用，贮存熟食的温度要低于7℃，经贮存的熟食，要彻底加热。

（6）避免生食与熟食接触，不能用切生食的刀具、砧板再切熟食品。生、熟食物要分开存放。

（7）一定要避免昆虫、鼠类和其他动物接触食品。

（8）到饭店就餐时要选择有《食品卫生许可证》的餐饮单位，不在无证排档就餐。

（9）不吃毛蚶、泥蚶、魁蚶、炝虾等违禁生食水产品。

（10）不买无商标或无出厂日期、无生产单位、无保质期限等标签的罐头食品和其他包装食品。

（11）按照低温冷藏的要求贮存食物，控制微生物的繁殖。

（12）瓜果、蔬菜生吃时要洗净、消毒。

（13）肉类食物要煮熟，防止外熟内生。

（14）不随意采捕食用不熟悉、不认识的动物、植物（野蘑菇、野果、野菜等）。

（15）腐败变质的食物一定要严禁食用。

第七章

骑手安全之防盗抢骗

了解入室盗窃的规律

　　盗窃，是最常见的犯罪手段之一，它直接以人们生产、生活所必需的财、物为犯罪对象，给国家、集体、人民群众的财产造成严重损失的同时，也给社会的和谐、稳定带来诸多的负影响，并且严重扰乱了人民群众的正常生活。

　　2019 年 8 月，成都市某县一个小高档区内发生入室盗窃，一位业主家中价值 50 多万元的财物被盗。一个月后，两名犯罪嫌疑人被警方抓获。令人想不到的是，这两人为了进入该小区作案，居然专门在小区内租了房子，先与业主做起了"邻居"。

　　近年来，盗窃犯罪呈现出一些新情况、新特点。上面的案例就是一起"新型"的入室盗窃案件。因此针对盗窃的多样性，我们一定要掌握一些实用性的防范措施。

盗窃案件是指以非法占有为目的秘密窃取数额较大的公私财物或者多次盗窃公私财物的犯罪案件。

在现代社会中，盗窃犯罪一直在刑事案件中占第一位，直接影响人们日常生活，以其数量巨大成为危害社会治安的主要因素。盗窃案件的发生给社会和人民群众的财产造成一定的损失，具有较大的社会危害性。

另外，盗窃案件的种类繁多，下面我们介绍一下入室盗窃的基本规律：

1. 作案时间的规律性

入室盗窃案件的作案时间大体可分为三个时间段：一是上午9点至11点，二是下午2点至4点，三是凌晨2点到4点。盗窃犯白天选择前两个时间段是抓住人们的活动规律，多数人在此期间上班或外出办事，人去屋空，作案成功率较高；选择凌晨时间作案主要是根据人们的生理特征，这期间大部分人都在睡觉，而且睡得最沉、最香，不易被惊醒。

2. 盗窃目标的集中性

入室盗窃案件主要集中在城市的居民区，尤其是开放式的、老旧的、物业管理松散的小区。

开放式小区一般出口众多，人员出入随意且流动性大，出口四通八达，嫌疑人可以从任何通道进入小区。由于小区人员复杂，很难分辨出犯罪嫌疑人的特殊身份，给犯罪嫌疑人踩点作案提供了可乘之机。犯罪嫌疑人往往通过敲门找人或者灯光来判断室内是否有人，或者通过门边张贴的小广告、宣传手册等判断户主的离开时间。犯罪嫌疑人会将长期闲置或者等待出租的空房内的财物洗劫一空。

老旧小区一般安防设施比较差，许多居民家中安装的都是老式栅栏防盗门。由于老式栅栏防盗门一般非钢材质，价格比较低廉，做工比较粗糙，接合处往往留有一定缝隙，这无疑给犯罪嫌疑人留下可乘之机。虽然此类防盗门不具备防盗功能，但低廉的价格却被大多中等收入以下家庭所接受。一些户主们为了使用方便，甚至只在防盗门里层安装一层防蚊窗纱，出门时将内扇木门反锁，外扇防盗门带上就走。盗窃嫌疑人只需将纱网捅破，用塑料插片或撬棍等简单工具便可将防盗门锁舌打开。

物业管理较薄弱的小区一般监控设施不到位，保安人数和服务质量都达不到安全标准，容易被不法分子抓住漏洞。犯罪嫌疑人作案前一般都有踩点的习惯，他们一般会特别注意小区保安，对小区保安的数量、巡守次数以及巡查规律都心中有数，而且一般不会选择有监控设备的场所下手。一旦发现小区保安责任心不强，他们就会大胆、连续地在该小区作案。

3. 作案手段的习惯性

入室盗窃犯作案一次就洗手不干的极少，多数都是长时间多次作案的惯犯。随着犯罪经验的不断积累，入室盗窃犯的犯罪手段也会形成各自的习惯性手法。

具有攀爬技能的，多选择夜间作案。犯罪嫌疑人一般利用楼房墙体外的下水、暖气管道和防护栏为攀爬条件，尤其是外悬式防护栏。有的盗贼可以利用它从一层一直爬至楼顶。这类盗贼一般不携带专门作案工具，只携带手电照明，以免被夜间巡逻的人员查获。他们利用住户阳台、厨房、卫生间的窗户不关或关不实，扒窗入室盗窃，也有极少数利用工具破坏防护栏入室作案。入室后翻找衣物、橱柜，一般以盗窃现金、手机、首饰等便于拿走的物品为目标，不搬动大件物品。为了不被发现，数分钟之内如果找不到财物就会放弃，听到声响后大多会选择逃跑，甚至会从二层楼跳下逃跑。这些人一般连续作案，一夜之间侵害多户居民，对社区安定造成较大影响。

撬门入室或技术开锁的盗窃，大多发生在白天，有的甚至配备车辆，结伙实施"搬家式"盗窃，只要是有一定价值的物品一律不放过。另外，犯罪嫌疑人原有的职业习惯、生理特征也会表现在作案过程中，并在犯罪现场留下较为明显的犯罪痕迹。

4. 作案工具的多样性

入室盗窃的作案工具多种多样，有些新工具让人意想不到。攀爬入室盗窃的犯罪嫌疑人一般就地取材，利用楼房上的某些设施为依托，自备螺丝刀、玻璃刀等小型撬压、切割工具；撬门入室的，多采用自制的撬杠、千斤顶等。

5. 入室盗窃犯罪易诱发其他犯罪

一般来说，盗贼入室后找不到钱物，或是被人发现，大多数会尽快逃离，而不会对事主实施人身伤害行为。但如果逃离不成，或是发现家中只有势单力薄的老人、孩子、妇女，丧心病狂的盗贼很可能实施强奸、抢劫，甚至是杀人灭口。

巧防小偷溜门撬锁

　　某住宅区的刘先生就曾与一个"至少有中级锁匠水平"的窃贼来了个面对面的接触。事发当天，刘先生正在家里睡觉，盗贼自己开了锁背着挎包鬼鬼祟祟地向厨房走，发现家里有人时，窃贼开始与刘先生搏斗。最后，刘先生奋力将男子打走并抢下挎包。打开挎包，发现里面都是开锁工具。事后，刘先生叫来专业开锁公司修锁，令人惊讶的是窃贼的开锁工具竟然和开锁人员的工具相同。开锁人员感叹："入室盗窃的男子至少有中级锁匠水平。"

　　溜门撬锁是犯罪分子白天作案的惯用手段，但是如果晚上防范意识不强，同样会因此受害。早期的防盗门只有几颗螺丝固定门框，根本经不起撬杠的力度，一分钟就能搞定。现在，防盗门在结构及强度方面虽有很大的改进，但是，犯罪分子的开锁技术也有了提高，他们用自配的钥匙能在极短时间打开各种类型的锁。另外，随着微型切割工具的诞生，利用此类工具进入室内行窃的案例也越来越多。如何防止犯罪分子溜门撬锁，有以下几点防范措施：

1.插销暗锁双保险

据一个"惯偷儿"交代，打开一把锁的时间仅需要两三分钟，如果开锁时间超过 5 分钟，就会感到烦躁不安，打退堂鼓。因此，居民家中除了要在门上安装保险锁外，还可在门的上下两端各装一个暗插销，这样即使小偷打开门锁也打不开门，延长了开锁时间，无形中会增加其心中的恐惧，放弃偷窃的念头。

2.使用智能产品

有条件的家庭可以安装先进的智能防盗装置：

（1）安装自动报警门锁，一旦被坏人非法开启，可通过电话线向用户的呼机、手机、邻居、居委会、公安机关监控平台自动报警。

（2）窗户可安装磁控开关，一旦开窗可发出报警信号。

（3）阳台或门厅过道可安装自动红外线入侵探测器。

（4）单元住宅楼可安装楼宇对讲或可视对讲防盗系统。

（5）如社区有自动接警中心应尽快入网，在突发情况下社区保安和公安民警可及时赶到处理。花钱不多，安全到位。

（6）举家旅行应安装本地报警的自动报警装置；有接警中心联网的，应在接警中心备案，请求 24 小时全天候设防。

3. 出门摆个迷魂阵

居民如果要外出，一定不要把便于携带的贵重物品和大额现金留在家中，但是最好在橱柜或抽屉里放百八十元钱。如有盗贼来了，顶多损失一点钱。倘若一点钱也找不到，盗贼就会把家翻个遍，甚至会破坏电器，那样损失可能更惨重。另外，平日出门时门口可放一双男鞋，将电话机话筒拿下，这可造成房子主人没走远的迹象。也可以在安装防盗门时设置门铃开关，临出门前关掉开关，以免长时间响铃暴露家中无人。

识别扒手只需"四步"

俗话说："见面三相。"即从"面相""坐相""站相"能对一个人形成初步印象。尤其是面相（气质、谈吐、表情等），更受其文化素养、职业、工作环境、生活环境等潜移默化的熏陶和影响。

日常生活中，人们常用"文质彬彬"来形容知识分子群体，用"纯洁朴实"形容农民群体，这些都较为形象地反映了该群体的特性。

扒手作为以扒窃为生的特殊群体，其行为特征也同样具有一定的规律。扒手的脸上虽然没有"小偷"二字，但只要注意观察，还是可以识别的。

第一步：看眼神

扒手的眼神具有以下特点：

一是眼光低垂。扒手的眼睛大多时间都是朝人们的衣兜、提包上看，很少正眼看人，尽量避免与人对视。

二是眼神飘忽不定。在扒窃现场，扒手既要寻找作案目标（特别留心外地人、妇女、中老年人），又要逃避打击，往往警觉地搜寻现场周围是否有人跟踪监视，所以他们的眼神飘忽不定，神色紧张。偶尔遇到警察，扒手的眼光中往往带着恐惧，并立即开溜躲避。有人将扒手在行窃过程中的眼神归纳为"寻找目标时眼珠四转，观察动静时侧目斜视，正在作案时双眼发直，作案得逞时余光观人"。

第二步：看双手

扒手一般不带较多的行李物品，不像旅客那样大包小包。即使带有提包，也不像别人那样放在地上，而是拎在手上，放在胸前。扒手还常常手拿报纸、外衣等物品，作案时用于遮挡失主的视线和自己下手的部位。为便于作案，再冷的天气扒手也不会戴手套。而有时气温较高，扒手却会将手长时间放在插袋里（有的其实是"漏袋"，扒手作案时可将手从口袋里伸出去）。

第三步：看举止

扒手爱在人多的地方挤来挤去，故意贴近或碰撞他人，以探寻钱包放置的部位，从而伺机作案。

在商店，哪个柜台前顾客多，扒手就往那里钻。他们总是先站在离购物的人群几米远的地方观察一番，然后挤进正在选购商品的人群。有时，他们手里拿着钱往柜台边挤，但注意力根本就不在商品上。他们是一群"特殊"的顾客。

在车站，扒手一般站在乘客身后，眼睛紧盯乘客，寻找下手目标；车来了，他们挤靠过去却又不上车，或最后上车，或从前门挤上车又从后门挤下车。他们挤进这班车，抢上那班车，大都不见他们乘车而去。

在汽车上，扒手习惯站在门口和过道，即使有座位他们也不坐，以便当乘客从身边经过时行窃。在汽车行驶中，扒手的身体不是随着车辆的惯性作用晃动，而是故意逆方向将身体倒向乘客。有的女扒手故意挤在男乘客面前，大喊大叫声称被调戏，这时，其同伙一齐上来与乘客"理论"、厮打，并乘机扒窃。他们一旦扒窃得逞，往往不等车停稳便下车逃跑。

扒窃团伙会有明确分工，如望风、掩护、行窃、转移赃物等，负责掩护和下手的主要盯着事主；望风的环顾四周的情况；转移赃物的主要盯着同伙的动向。他们距离较近，相互用眼神交流，却又装着互不相识。

当扒手发现便衣民警跟踪，便做一个"八"字手势或摸一下上唇胡须，暗示同伙停止作案。

第四步：听语言

扒手之间为了方便联络，常常使用"黑话"、隐语。他们把掏包称为"背壳子""找光阴"，他们互称"匠人""钳工",把上车行窃叫"上车找光阴""上车挖光阴",把上衣兜称"天窗",下衣口袋称"平台",裤兜称"地道",把妇女的裤兜称"二夹皮"等。

楼道防抢攻略

如今，实施抢劫的犯罪分子不仅手段繁多，而且实施抢劫的地点也在不断扩大，其中最明目张胆的就属楼道抢劫。在日常生活中，骑手该如何防范楼道里的"黑爪"呢？

（1）天黑回家，可在回家前打个电话，让家人提前下楼接应，以降低被抢风险，提高安全系数，尤其是女性骑手要更加留意。

（2）当上电梯时，发现旁边有陌生男子，在没有充分把握的情况下，最好不要与此人共同使用电梯。

（3）养成进入楼道之前观察四周的习惯，多留意楼道附近有无陌生人，身后有无陌生人尾随跟踪。如发现可疑人，要尽量往人多光亮处走，或及时与家人联系，让家人出来接应。

（4）经常在夜晚回家的女性骑手，应配备手电筒并随身携带，进入前向身后及楼道进行探照，观察有无"尾巴"，有无陌生人。手电还可以起到震慑作用，使犯罪嫌疑人认为事主是有戒备心理的，有时会放弃作案。万一遇袭，可用手电照射歹徒眼睛，使其暂时眼花，自己可趁机快速逃脱；铁壳或者塑料外壳的手电筒也可用做自卫反击的工具。

（5）进入楼道前，要注意"三不"：一是不听"随身听"，不思考问题，当陶醉在音乐声中或沉浸在思考中时，容易放松警惕；二是不埋头找钥匙，会分散注意力；三是不与陌生人同进楼道，防止对方突然袭击。

（6）随身携带辣椒水、喷雾器等防身物品。

（7）加强邻里守望。俗话说："远亲不如近邻。"每个家庭都是居民区的一分子，邻里之间要互相照应，尤其是男性居民，发现在居民楼附近徘徊、转悠的陌生人员时，要密切注意其动向，必要时可以主动询问，核实情况。

夜晚出行防抢攻略

在生活中，很多抢劫犯把"目光"放在了夜间单独外出的女性身上，常常尾随其至偏僻的地方实施抢劫。那么，当我们夜间外出时该如何防抢呢？

（1）尽量避免深夜单独外出或去偏僻的山林野地、建筑工地、江边河滨等地段。夜间上下班或外出的女性，应尽量结伴而行或由亲友陪同、接送。

（2）女性应避免穿鞋跟太高太细的鞋、紧身的裤装及过窄的裙子，否则在遇袭时不便逃跑。

（3）在包中装一瓶辣椒水或带喷头的发胶，关键时用于自卫。

（4）女性夜间外出，应事先告诉家人或朋友自己的去向以及何时回来。此外，一定要保持手机的畅通。

（5）在市区骑车或步行时，尽量选择灯光明亮、行人和车辆较多的路段，切忌为抄近路而走偏僻、光线昏暗的路段。

（6）不将手机挂在胸前，不将挎包放在未封闭的自行车篮内，远离机动车道，走在自行车道或人行道右侧，将挎包背在右肩上，以防飞车抢夺。

（7）年轻女性遇有陌生男子问路、问人时，不必太过热情为其带路或寻找。行走时，与陌生男子保持必要的安全距离。

（8）时刻注意周围动静，不要边走路边打电话或欣赏音乐——打电话会引起歹徒的注意，而欣赏音乐则会分散自己的注意力。

（9）在偏僻路段，发现前方路边停有摩托车或自行车、站有可疑人员时，应提高警惕，或走岔道回避，或掉头返回。如果有出租车过来，可立即打的，也可以向来往车辆求援。

（10）不要随意搭乘陌生人的便车，不与陌生人合伙乘坐出租车。乘坐出租车时，要留意车辆标志、车牌号码及司机的姓名、体貌特征，避免乘坐无照经营的黑车。夜深人静时，如果感到害怕，尽量请出租车司机目送你回家后再离开。

（11）男士遇有陌生女子引诱、挑逗或邀请到某个地方约会时，切莫随意跟着走，防止被色情抢劫。

（12）途中，尽量不要进行ATM机取款操作；进出银行时，注意身后及周围有无可疑人员尾随、盯梢或隐藏。

（13）快到家门口时，留意一下周围的情况，不要让歹徒尾随入室。如有可能，打电话通知家人接应。

（14）遭遇抢劫时，要保持冷静，此时确保人身安全是第一位的，如果周围行人稀少，尽量不要呼救，防止歹徒行凶伤人；应尽可能与歹徒周旋、搭讪，拖延时间，可采取默认的方式按歹徒要求交出部分财物，使作案人放松警惕，同时准确记下其特征，然后瞄准时机向过往车辆或行人大声呼救，逃脱魔爪。在周围人员较多的情况下，一定要大声呼救，以引起人们的注意，同时起到威慑歹徒的作用。

骑手要当心"色诱"抢劫

余某、佘某和崔某等 3 男 5 女分别来自黑龙江省某县与辽宁省某县，他们相约来到苏州。为了轻松赚钱，他们开始动歪脑筋，让女友充当卖淫女勾引嫖客，将受害人骗到租房后进行抢劫。

一天夜里，经过事先预谋分工后，杨某、张某、刘某以色相将 2 名受害人骗到由潘某出面承租的私房。途中，杨某将情况电话通知潘某，再由潘某转告佘某、余某与崔某。当杨某等人带着受害人进入私房后不久，佘、崔等 3 人即手持木棍、砖块闯进房间，大喊"玩我女朋友"，对受害人进行威胁，抢走 1100 元现金与两部手机，合计价值 2630 元。

此后几天，该团伙如法炮制，分别对 4 人实施抢劫，期间遭反抗时，用刀将其中 3 人砍伤，又劫得人民币

2100 余元与 4 部手机，合计价值 5500 余元。

上述案例属于典型的"色诱"抢劫。"色诱"抢劫是指犯罪嫌疑人以异性色情引诱为手段，劫取事主财物的犯罪案件。此类案件的受害者绝大多数为男性。近年来，在一些地区该类案件呈上升趋势，造成了极坏的影响，骑手出门在外也要小心这种陷阱，保护自己的安全。

1. 色诱抢劫案件的特点

（1）作案方式的连贯性

犯罪嫌疑人将受害人引诱至事先预设的地点，然后再实施抢劫。其中一种是以强抢方式进行：一般由一名或多名女子以性交易、按摩为由将受害人引诱至出租屋、酒店或者偏僻地段，由事先埋伏的男性同伙冲入现场，使用刀、棍等工具威胁并殴打受害人，或使用透明胶、绳子等物捆绑，或冒充警察查案，抢走受害人身上的现金、手机、银行卡及停放的车辆；部分犯罪嫌疑人逼迫受害人说出银行卡密码或者威胁受害人家属向银行卡存钱。另一种是以麻醉方式进行：一般由一名女子将被害人带到出租屋、酒店等地点后，让其吸食含有麻醉药物的饮料或者食品，待受害人昏迷后实施抢劫。

（2）侵害目标的特定性

一般的抢劫案件，受害者大多是不特定的对象。"色诱"抢劫案件则不同，被侵害目标多数具有特定性：以单身男性为主，大多生活作风不检点、有嫖娼意图。此类人员多为在外出差、经商的生意人。

（3）选择地点的复杂性

一是引诱地点的公开性。犯罪嫌疑人多选择在歌舞厅、酒店、酒吧、发廊、公园、电影院、车站码头及繁华的商业区路口进行色情引诱。二是抢劫地点的隐蔽性、复杂性。此类案件大多发生在犯罪嫌疑人预先租住的出租屋内，且这些出租屋一般选择在人群较复杂的区域，具有一定的隐蔽性，其中以城乡接合部等地为主。此外，犯罪嫌疑人还常选择在宾馆、饭店、电影院或偏僻的街巷作案。

（4）作案主体的团伙性

此类案件犯罪主体比较特殊，多为男女搭档，分工合作，结伙作案。年轻有姿色的女性成员一般负责引诱受害人，男性成员则以暴力实施抢劫。由于实施犯罪的需要，此类案件的作案人数以 3 至 6 人居多，有的甚至多达 10 余人，团伙成员多以老乡、亲友为纽带，关系较为稳定紧密。

（5）作案时间的集中性

案件的高发时段一般是晚上 7 时到次日凌晨。

（6）犯罪活动的暴力性

犯罪嫌疑人多使用刀、棍等工具威胁并殴打受害人，并用透明胶、绳子等物捆绑被害人，甚至致人死亡。以麻醉方式进行作案的，若超剂量使用麻醉药物，也容易导致受害人死亡。

2. 色诱抢劫防范攻略

预防色诱抢劫的总体原则是洁身自好，不要"见色起意"。

第一，远离情色女子。不要将其带到自己的住所或随其前往暂住地、宾馆及野外偏僻处。

第二，在茶楼、咖啡厅等地，对主动搭讪、献殷勤的陌生女子要格外小心，不要吸、食她们提供的香烟、饮料、食品，可以用"我不喜欢这个"等婉言拒绝。

第三，夜间在宾馆接到"特殊服务"电话应果断拒绝；遇到陌生女子主动打招呼、抛媚眼，不要随意搭理。

犯罪嫌疑人为麻痹受害者，勾引手段层出不穷。有时，其抛出的"诱饵"不一定是打扮艳丽的妖娆女子，也可能是装扮成经济急需的可怜女孩，对方往往先与受害人套近乎，讲述其不幸遭遇或经历，赢得受害人的同情、怜悯，使其淡化道德和法律上的负疚感，从而在"行善"与"违法"的行为冲突中半推半就地钻入对方设置的圈套。

第四，遭到色情引诱而被劫后应及时报警，不要为了顾及面子、名声而忍气吞声，让犯罪嫌疑人继续为非作歹。

坐公交车时的防扒妙招

　　小王出门上了一辆公交车，站在离车门最近的单座旁。那个单座上坐着一个女孩，背包背在身后靠着椅背。

　　不一会儿，过来一名身背挎包、打扮斯文的青年男子。当时，人还不算太多，但是，令小王感到奇怪的是，该男子在那个背包女孩后面，不停地往前靠。刚开始，小王以为他是色狼，正在想怎么提醒那个女孩的时候，忽然看到一只手，随着车子晃动慢慢地拉开了女孩的背包拉链，而钱包就在最上面。

　　小王一下子心跳加速，该怎么办？她朝着小偷瞪了两眼，小偷也看了看，若无其事。"哎呀，你也在这里啊！"头上快冒出汗来的小王灵机一动，热情地跟那个陌生女孩说起话来。小偷愣了一下，那女孩也吓了一跳。小王很热情地俯过头去，说："有人偷你包呢。"女孩立即将包收到胸前。那个小偷到了下一站就慌忙下了车。

在日常生活中，乘坐公交车时丢东西，可能很多人都经历过。那么，如何才能避免呢？下面我们将介绍一些简单实用的小技巧：

1. 把握三个环节

（1）上车前应将现金等贵重物品分放在贴身衣服的口袋中，而不是放在外裤后袋和西服下部口袋里；带包乘车，不将现金或贵重物品置于包的底部和边缘，以防扒手割包后轻易得手。

在车站，扒手往往站在乘客身后，眼睛总是贼溜溜地盯着乘客及其鼓鼓的口袋和背包、拎包，搜寻下手目标。因此，乘客在候车时一定要注意不要在车站清点钞票和贵重物品。

上车前要系好衣扣，拉好拉链，并备好零钱，防止买票时掏出大额现金，暴露"财力"和放钱的部位。

（2）上下车

扒手往往利用乘客上下车拥挤之机，在车门附近进行扒窃。扒窃团伙盯上目标后，有的扒手在车门口或通道中阻挡目标上下车或行进，有的扒手则从后推挤碰撞，故意制造拥挤场面，以引开事主注意力而伺机下手。因此，上下车时应自觉遵守秩序，听从司乘人员的疏导，切忌硬冲硬挤。尽量用手护住放钱的口袋，背包、拎包可揽在自己胸前、腹部或夹在腋下，同时拉好拉链、扣好搭扣。尽量不将包放在身体的左右两侧和后背上，不在双肩背包内放置现金及贵重物品，防止割包、掏包，甚至被扒手趁乱剪断背带后将包盗走。

（3）上车后

要尽量避开车门和通道位置，往乘客较少的中间部位移动。因为车门和通道是扒手作案的重点区域，此处扒手得手后能迅速逃跑。

"挤"是扒手试探乘客警惕性的招法，当你感到有人无故挤靠自己或包被触及时应立即查看。

对那些手搭衣服、拿报纸或弯曲着胳膊伸过来挡住你视线的人要格外小心。因为扒手大都上边遮挡，下边动手行窃。"挡"也是扒手重要的"试应手"之一。

对系鞋带、拾东西的人也要留神，防止扒手伸手掏摸衣服内兜。

没有座位时，不要为保持身体平衡而用双手去抓握扶手，以防包、兜成为袭击目标。

与人面对面站着时，要注意腰间别放手机等，防止扒手趁刹车、转弯、颠簸、拥挤之机摘取。

有些售票员和老乘客往往对一些线路上的"扒情"

比较熟悉，当他们请你往里走或"让一下"时，也许就是在提醒你注意扒手，你应该立即调换位置并注意自己的财物。

避免打盹、睡觉或长时间聊天、看书、看风景。

发现财物丢失时，应注意身边急于离开或急于下车的人员，及时通知司乘人员暂缓打开车门，或将车开往附近的公安机关，同时在车厢内查找，因为扒手为防罪行败露，有时会在失主的叫喊声中丢弃赃物。

2. 守住重点部位

公交车辆上，扒手作案的手段主要有掏兜、掏包、割包及拎包等几种，易于下手的部位有裤子后兜、侧兜，上衣的下兜及女士的背包等。在上车前、上下车时、上车后这三个时间段都要将注意力集中在自己携带的物品上和放钱的部位，不要只顾与旁人聊天或欣赏窗外景色、关注停车站而放松警惕。同时要"内紧外松"，含而不露。否则，由于怕身上的钱物丢失，不停地摸、看，结果反而成了"此地无银三百两"。

3. 谨防转移视线

女青年喻某因交友不慎染上了毒瘾，为了维持昂贵的吸毒开销，走上了扒窃的犯罪道路。她经常在一些专线上利用自己高挑俊俏的美色"优势"，在车内人多的地方晃来晃去。一些男子见身边有个美人儿，眼睛早就直了。乘他们注意力分散之机，喻某频频得手。得手下车时，喻某往往还要回头对被窃者嫣然一笑，然后扬长而去。靠此"绝招"，喻某先后窃得钱物价值数万元。

除了用美色麻痹，有的扒手还常常故意制造条件，吸引、分散乘客的注意力而使同伙扒窃成功。张女士下班乘公共汽车回家，上车后不久便发现旁边一男子老是朝她笑。张女士心里挺纳闷，这人怎么一点印象也没有？好奇心驱使她忍不住又把目光投向那个男子，对方还是冲着她笑。于是，张女士极力在脑海中搜索所有熟人的模样，可就是想不起这个人是谁。她想，要么是这个男的认错了人，要么就是自己的记性太差了。车到了站，那个男子和另外一个人一块儿下了车，张女士忽然发觉自己的背包被人划开，里面的钱包不见了踪影。张女士这才恍然大悟，原来那个"笑面虎"是个"偷托"，他负责吸引张女士的注意力，为的是让他的同伙顺利下手。

扒手的"障眼法"是多种多样的，当你在车上或其他场所遇有争吵、打架及类似情况时，对自己的钱包要多加注意。

此外，当你在车上发现扒手行窃，在不便正面较量的情况下，智取为上，通过"打草惊蛇"、善意提醒等方式帮助正在遭受不法侵害的乘客；也可偷偷打开手机摄像头，拍下扒手的作案过程，并在第一时间向警方提供。

地下通道与过街天桥上防抢攻略

地下通道内昏暗、偏僻，过街天桥行人稀少，因此近年来，这两种地方成为抢劫案件的多发地。

先说天桥上。晚上，特别是冬天的晚上，过街天桥上的行人很少，而且天桥下灯光黑暗，是抢劫案易发地段。

再说天桥下。到了晚上，尽管路灯会把主路照得很亮，但辅路上就黯淡多了。犯罪分子会埋伏在桥下或周围的灌木丛中，等待桥上的"猎物"出现。从已经发生的案件来看，交界地段、城乡接合部是此类案件的多发地段，位于这些地段的居民们在日常生活中应提高防范意识。

凡经过一些特殊地段——较偏僻或在某些时段人少的过街天桥或地下通道时应格外小心，因为这些地方往往是犯罪分子们乐于光顾的"点"。那么，在经过地下通道与过街天桥时如何防抢呢?

（1）尽量避免在夜间单独路过这两种地方，如果必须路过，也应该结伴同行或者与正要路过的路人一同通过。

（2）路过地下通道和过街天桥时，要注意以下几点：

①尽量不要打手机或者看报纸、杂志，因为那样会分散对周围环境的注意力。再者，劫匪看到拨打手机的路人会以为有利可图而将其当作首选对象。

②通过地下通道时，要注意防范罪犯从身后或者旁边的阴暗处袭击，因此要注意周边情况并迅速通过。晚上过天桥前要仔细观察周围的情况，如果天桥上人少或有长时间逗留的男子，最好不要上去，等着与其他人结伴同行，或者多走点路，从人多的地方穿过马路。

③面对劫匪要冷静，如果对方人少而自己又年轻力壮，就可以与之展开斗争，同时要大声呼喊求援；如果对方人多势众，仅仅是为了抢钱，可以将钱交给他们，但要记住他们的体貌特征，事后迅速拨打 110 报案。

存取款防抢攻略

存取款时人们一般携带大额现金，对劫匪具有极大的诱惑力，必须采取有效防范措施。

（1）业务交往和日常生活中需要大额现金时，最好采用汇款、银行卡结账等便捷的方式，以尽量减少现金交易。必须从银行取出大额现金时，应两人以上前往。切勿一人，尤其是女性单独一人去银行存取大额现金。

（2）存取款之前做好准备工作，检查车辆的状况、是否有油等，防止在路上出现故障而给歹徒提供抢劫的机会。没有交通工具的，尽量坐出租车前往或返回。如果骑车去银行取存款，不要把装钱的包挂在龙头上或放在车篮内，以防"飞车抢劫"。

（3）观察银行、储蓄所内外有无可疑人员和车辆。

可疑人员主要包括：无所事事，在银行门前、营业厅内徘徊游荡、漫不经心打手机的人员；关注出入银行储户的非保安人员；在大厅内闲坐的人员；戴头盔、帽子、墨镜等遮盖面部特征，或穿着打扮与气候及天气特征不相符的人员；不时打电话的人员；驾驶汽车、摩托车在银行门口转悠的人员；神情异常的人员。

可疑车辆主要包括：停在银行门前处于点火待发状态的汽车、摩托车；无牌照、前后少牌照、号牌不清、牌照翻转或故意用泥巴等物遮挡牌照的汽车、摩托车。

（4）不在银行内外交谈存取款事宜（如数量、用途等），以防泄露存取款秘密，给歹徒抢劫作案制造条件或诱发抢劫。

（5）存取款过程中，不要将装钱的包随意放在柜台上，离开自己的视线范围。清点钱款应在金融机构内，出门后切莫清点钱款。不要只用塑料袋简单包裹现金，或者把钱装在衣兜中，将衣兜撑得鼓鼓的，这样很容易成为被抢的目标。

（6）在ATM机存取款时也要注意防抢。尤其在夜间，进入银行自助服务区之前，注意观察身后是否有人尾随，服务区内及附近有无可疑人员隐藏，如发现异常情况，切勿进行存取款操作。

（7）取款离开银行时，应先观察有无可疑情况，然后迅速乘坐交通工具离开。如果交通工具是汽车，上车后应及时锁好门窗。

（8）返回途中，要注意观察是否有汽车、摩托车尾随、跟踪。如果发现或怀疑被人尾随，最好先到热闹的街区作进一步观察，确认嫌疑后立即拨打110报警。

（9）取款返回途中，不要理睬以某种借口试图搭讪、接触、纠缠的陌生人员，防止尾随、跟踪的歹徒趁机抢夺或抢劫。

（10）取款回家或回单位后，应注意保密，妥善保管并及时支用。

（11）如果遇到抢劫，无论被抢数额多少，都应及时报案。此外在被抢劫过程中，首先需要保护自身安全，然后尽可能地记住抢劫者的体貌特征和逃跑方向，以及作案车辆的车型、颜色、车号等，以便提供破案线索。

冷静应对敲诈勒索

2019 年 7 月，浙江省一男子半个月来连续向 10 家外卖商家索赔，理由都是在收到的外卖里吃出虫子，共计获赔 2310 元。某外卖平台负责人吴某接到商家和骑手的反馈，察觉其中有问题，遂报警。胡某因涉嫌敲诈勒索罪被公安局刑事拘留。

人上一百形形色色，外卖骑手面对的人各种各样，敲诈勒索难保不会落在你的头上。我们必须高度警惕，采取有效的防范措施。

（1）对于主动给电话号码，主动要求见面的人，要非常小心，犯罪分子一般都希望尽快得到猎物，尽快下手。

（2）犯罪分子一般都会寻找有经济能力的、随身携带贵重物品的人下手，所以不要露财，不要随身携带贵重物品。

（3）对于不是本地的网友却非常想从外地来见面的，需要格外小心，他们或者可能从路费上做文章提要求，或者会趁机作案，继而逃之夭夭。尽量减少接触网友，见的人越多，风险越大。如果一定要见面，最少经过一段时间的仔细沟通，有了一定了解再见面。如果真的要与网友私下约会，见面地点必须坚持在人多的公共场合，坚决杜绝带陌生人回家、开房等。

（4）见陌生人时，身上尽量避免带过多财物，如手提电脑、贵重手机、手表、首饰以及过多现金。另外，避免将身份证、工作证、军（警）官证等有效证件携带在身。

（5）无论是否见面，你与陌生人交往都要严格保守你的个人隐私，不要轻易透露你的财产状况，不要透露你的具体工作地点、工作单位、住宅地点、住宅电话、工作性质以及有关家庭事业的隐私信息。所有没有见过的人都不可过于相信。

（6）如果出现人身财产损失，应该立即报案。犯罪分子一般会利用受害人不愿声张、害怕隐私泄露等心理进行敲诈勒索。如果你受到侵害，请你务必报案，公安机关只关注犯罪分子和案件本身，会保护你的隐私。

另外，在外地遇到坏人讹诈时，也要采用一些巧妙的应对方法：

（1）一人出门在外，人生地不熟，容易受到坏人的讹诈。比如他故意往你身上一撞，然后说你把他的眼镜撞到地上摔碎了，或者事先包里装好碎片往你身上一碰，然后诬赖你撞坏了他的古董等，借此向你勒索钱财。遇到这种情况，你应该果敢地提出与其到当地公安机关解决问题。这样就可以抑制其气焰，并使其阴谋无法得逞。

（2）如果对方人多势众，行人又不敢多管闲事，他们的气焰会更加嚣张，稍有不从，便可招致拳打脚踢。这时可暂时屈从他们的淫威，但也尽量讨价还价，争取少费钱财脱身。同时记住讹诈者的人数、特征，随后到公安部门报案。

（3）为防止坏人讹诈，一人出门在外，应尽量远离人多拥挤之处，不随便与人谈论自己的情况，对有意靠近自己身体的人更应警惕。

警惕手机诈骗

微信的出现，更加满足了人们对于聊天的需求，改变了原有的交往方式和认识途径，这也让不法分子有了可乘之机。在通过微信、QQ等聊天工具实施违法犯罪行为的案件中，受害者多以年轻单身女性为主。违法犯罪分子往往会通过"打招呼"等手段，使她们放松警惕。单身女性由于自身心理的特点，容易被违法犯罪分子所利用：她们容易对对方产生依赖、信赖，待她们放松警惕时，违法犯罪分子便开始敲诈勒索。而大部分单身年轻女性，因为这方面牵涉到自己的隐私，所以如果发现自己被骗，也往往不会宣扬出去，更不会拨打电话求助，这给违法犯罪分子提供了更多的可乘之机。

23岁的姑娘小蔡虽是一个农村姑娘，但也是一位追求时尚的达人，没事儿就喜欢拿着手机玩微信聊天。2018 年 5 月的一天晚饭后，正在看电视的时候手机微信提示音响了，一名陌生男子通过微信"附近的人"的方式搜索到她后，向小蔡发来一条简讯，请求加为好友。小蔡接受了对方的请求，随后两人便聊开了。

对方自称沈某，是一名民警，在某市派出所工作。他向小蔡大献殷勤，请求小蔡做他的女朋友，小蔡见该男子条件不错，经不住他的软磨硬泡就答应了。之后，两人多次见面并且发生了性关系。

2018 年 11 月底，沈某发短信给小蔡，称自己在安徽出差，因为匆忙出行，没有带差旅费，让小蔡汇 600 元钱给他，并且保证事后归还。小蔡二话没说就把钱汇给了对方。后来，沈某又威胁小蔡给他寄 1 万元，否则就派警察去找小蔡的麻烦。小蔡出于恐惧的心理，就又给他汇了 1 万元。

几次借钱之后，小蔡对男朋友的警察身份产生了怀疑。经过多方打听，男朋友所说的派出所中并没有叫沈某的民警。意识到可能上当受骗，小蔡赶紧向公安机关报案。公安机关接到报案后，迅速立案，展开调查。三天后，就把自称沈某的田某抓获。经过调查发现，该男子冒充警察进行招摇撞骗，涉嫌金额达 5 万多元。

在上述案例中，小蔡因为自己的安全防范意识不强，被冒充警察的田某所骗。女性朋友对微信等新型聊天交友工具如何进行防范，提高自身的安全防范意识，显得尤为重要。现在，就以下几个方面对骑手进行提醒：

（1）提高安全防范意识。微信软件使用简单、操作方便，只需要一部能上网的手机，就可与许多陌生人相识，并渐渐"熟知"。但由于微信尚不采用实名制，因此一旦注销后，便很难追查，骑手一定要提高警惕，不要轻信"微信好友"，要提高安全防范意识。

（2）不要轻易向陌生人透露自己的真实信息。对于个人的基本信息，不要轻易向任何陌生人透露，更不能轻易将个人身份证件交与对方或是由对方代为保管。个人信息对骑手来说特别重要，一旦被违法分子所获，后果不堪设想。

（3）不要轻易同"微信好友"见面。如果要见面，选择在白天人流量较多的地方。实际上，同"微信好友"见面很可能招来违法犯罪分子。他们使用微信工具，寻找年轻女性为侵害对象，通过网上聊天方式，约网友见面，并随即开始实施敲诈勒索等违法犯罪活动。

网银账号防盗的应对方案

随着网上购物、炒汇、转账、证券信息查询等网上银行业务的增加，人们足不出户就能办理银行业务，但也出现网上银行密码被盗走的问题。要想防止网银被盗，可以从以下几方面入手。

（1）安装保险"锁"。网络银行目前主要有电子银行口令卡和U盾两种保护方式。口令卡的使用方法和游戏密保卡使用方法一样，可以到银行柜台进行购买和捆绑。这样每次登录网络银行的时候，就会要求输入密保卡矩阵中的一个数字。

但是由于密保卡中的数字非常有限，因此最为保险的措施是使用U盾。用户只需要携带有效证件和注册网上银行时使用的银行卡，就可以到营业厅申请开通U盾服务。

申请 U 盾后，需将个人证书立即下载到 U 盾中，不然这个 U 盾和普通的 U 盘没有任何区别。可以委托银行人员下载，也可以自己登录银行个人网上银行，点击"U盾管理"后选择"U盾自助下载"，完成证书信息下载。

（2）安装"报警器"。银行的手机短信提醒服务就是一个相当不错的账户"报警器"，比如工商银行的"余额变动提醒"服务，只要通过个人网银、电话银行或营业网点等渠道定制该项服务，今后无论存款取款、转账汇款、刷卡消费还是投资理财，只要账户资金发生变动，就可以在第一时间收到银行的手机短信提醒，从而随时掌握自己账户资金的变动情况，一有异动，立刻觉察。

（3）重视密码设置。

（4）最好不在公共场所（如网吧、公共图书馆等）使用网上银行。

（5）登录网上银行时，开启杀毒软件的病毒实时监控功能，防止木马病毒；关闭 QQ 等即时聊天工具，防止被远程遥控和远程窥看；尽可能拒绝一些商务网站上的各种插件，防止恶意网站窃取你的网络银行信息。

（6）登录网银时，要注意银行的网址有无改变，防范钓鱼网站；要注意"上一次登录时间"的提示，查看最近的登录时间，从而确定网上银行账户是否被非法登录过。如果发现账户被非法登录或资金被盗用，要及时通过网上或电话等快捷方式，对注册卡以及相关账户进行临时挂失，并尽快到营业网点办理书面挂失手续，确保账户资金安全。

（7）收到各种涉及你的网银账户的电子邮件和信息提示时，千万不要轻易激活和验证，如果你觉得不放心，可以拨打银行的客服电话咨询。银行的客服电话只有一个，当有信息告诉你与此不同的银行客服电话号码时，请注意识别真假。

（8）进行交易时，尽可能使用安全级别较高的Usbkey，并限制无 Usbkey 情况下的交易额度或禁止无Usbkey 情况下的交易。由于面对远程遥控和黑客破解，Usbkey 依然具有防范漏洞，因此，建议在支付一刻将Usbkey 插上电脑，支付结束后立即拔下，这对网银账户的安全绝对有益。

（9）输入的交易信息必须准确无误，在办理资金转账、网上汇款等自助业务时，一定要对汇入账号、户名、金额等信息进行认真校对，并且注意数字中不能有空格，以免出现错误。网上银行使用完毕后，一定要点击"退出登录"选项。对利用网银办理的转账和支付等业务，要随时做好记录，定期查看"历史交易明细"等选项，或持交易记录号到网点打印网上银行交易对账单，以便能及时发现因网络故障、操作失误等原因造成的账务差错。

借条中暗藏玄机

随着社会的不断进步和发展，民间个人借贷逐步走向完善化，但仍有部分人利用民间个人借贷的某些特点，制造陷阱，给借贷双方造成损失。骑手在生活、工作中也可能遇到与其他人产生借贷的情况。

"借条不是我写的，名字是原告骗我签的，我没借过钱！"被告席上的李某在发表庭审最后意见时情绪异常激动。

11月26日，某县法院审理了一起民间借贷纠纷案件，案件双方当事人就借条的真伪进行了一场激烈的法庭辩论。

原告王某诉称，2017年，李某以开饭店缺资金为由向自己借款人民币5500元，并出具借条一份，约定借款利息按 3 分计算。因借款当时彼此相熟就没有要求李某写借条。借款后李某一直赖账，双方在 2018 年经过当面对质，由李某补出了一份借条。

被告李某辩说自己是做生意的，2017 年一名男子曾到她家买货，当时说先买样品回去看看，如果满意的话再让李某送货，男子让李某在一张空白纸上写了自己的名字和联系电话。李某认为王某就是在这张纸空白处写了借款内容，借条是伪造的。

李某随即申请对借条进行司法鉴定，结果司法鉴定意见书证明借条上借款人的签名确系李某本人的笔迹。李某因未能向法院提交充分的反驳证据，其抗辩意见法院没有采信。

最终法院判决李某归还王某借款本金 5500 元和利息，利息按法律规定下调为按月利率 12‰计算，从借款日开始计算。

虽然这只是一个很普通的民间借贷纠纷案件，但却暴露出借条中很容易被人忽视的陷阱。出借人写好借条内容，借款人签字按手印，这是民间借贷最普遍的出具借条的方式。殊不知，对于借款人而言，这样出具的借条存在极大风险。

按照交易习惯，借条原件都是由出借人保管，如果一旦出借人事后在借条上进行改动，比如在借款金额后面多加几个 0，或者再加算利息，因为同是出借人的笔迹，很难予以辨别。一旦发生诉讼，借款人要证明借条曾被出借人涂改将面临极大困难。

为规避此类风险，建议可以做如下防范措施：

其一，不要轻易在空白纸上签名，如确有需要签名，务必在签名旁边注明用途。

其二，借条内容由借款人自行书写，这样出借人就很难在借条内容上动手脚。

其三，借条出具后由借款人保留一份复印件，并要求出借人在复印件上签字确认以证明该复印件与原件一致，这样在举证时就可以对抗出借人。

借贷时欠条务必要写清楚。为防止纠纷，金额需用大小写注明。由于欠条是民间个人借贷唯一的凭证，如果更改就拿不出其他的凭证，借钱方或出借人利益就会受损，所以欠条的书写要严谨清楚，消除可能的漏洞。

小小的借条中暗藏玄机，大玩"文字游戏"，比如说，借条和欠条的差别，以及"还欠款 10 万元"引起的歧义。在司法案件中，类似的争议不在少数。

生活中难免遇到借钱或被借钱的情况。有的"好借好还"，有的却闹上了法庭。

法院分别对近年来受理的民间借贷案件进行统计，

结果显示：民间借贷案件占到了商事案件总量的60%，其中不乏大玩"文字游戏"，在借条中暗藏玄机的案件。

借贷有风险，小小借条也不能掉以轻心。下面总结一些借条上可能出现的问题。

1. 借条、欠条无差别

陈先生和王先生一起做生意，陈先生半路退出，王先生便写了一张15万元的借条给他。没想到后来王先生翻脸不认账，无奈的陈先生只好将其诉至法庭。可是，虽有"借条"，陈先生却拿不出实际付款的依据，结算的资料也已经部分丢失，诉讼最终被法院驳回。

"其实王先生写的应该是'欠条'而不是'借条'。"有关法官解释说。

"借条"与"欠条"在法律上是完全不同的两个概念，可生活中把两者混淆的情况却很多，给事实的查明、法律关系的认定以及权利人利益的实现带来不便。

"借条"因借款而产生，反映的是一种借款合同关系，通常与资金流转同步；而"欠条"是双方对过往经济往来的结算，代表一种债权债务关系，比如工程款、货款等的结算。"欠条"持有人通常要承担解释欠款原因、用途的举证等责任。

2. 到底是谁借的钱

黄某因急需周转资金，就向小刘借钱。借条上，黄某署名朋友们平时对他的称呼"黄胖"。后来黄某做生意失败，小刘向他要钱，黄某却以署名与自己真名不符拒绝承认。后经法院的调解，双方才达成和解。

借款人或出借人在书写借条时用化名、小名等现象很是常见。实践中，出借人与借款人往往关系密切，习惯将日常称谓写入借条，如"张叔""李哥"等，导致一些案件因债权、债务人不明确而得不到法院支持。

因此提醒广大骑手朋友，诉讼将严格按照身份证上的姓名确定当事人身份。因此，签署借条时，署名应由出借人、借款人亲自当面书写，并严格按身份证上的名字签署，不能写小名、曾用名、绰号、简称等，最好同时书写身份证号码。若借款人是法人或其他组织，则需加盖公司公章。不给"文字游戏"留下缝隙。

3. 欠款是否已归还

刘某以自己的名义出具借条，向杨某借款 5 万元用于公司运营。后杨某多次催要不得，便诉至法庭。可是刘某辩称公司已归还欠款，而杨某则表示归还的钱是另一笔债务。纷乱的债务关系和账目，让法官大为头疼。

欠款到底是否已归还？在民间借贷类案件中，这样的争辩很常见。究其原因，证据缺失是主因。

特别提醒，为避免现金交付引发的举证难，建议出借人交付借款、借款人支付利息和归还借款等尽量采取银行转账方式，并保留好凭条；款项接受账户应为借款人账户或其指定的账户，对交付给第三方的，应事先约定好并保留相关证据。

另外，对归还部分欠款后重新写下的借条，要避免表述歧义。比如"还欠款10万元"，既可以理解成归还欠款，也可以理解成还有多少欠款。由此产生的争执，司法实践中并不少见。

投资基金不可忽视风险

外卖骑手风吹雨淋，辛辛苦苦挣了钱，存在银行吧，觉得利息低，买股票吧，自己也不懂。听朋友介绍，基金是个不错的理财产品，风险不高收益不错，就心动了，把钱都放到了朋友推荐的基金中。事实真的如朋友所说吗？基金有风险吗？基金也会跌吗？

答案当然是不容置疑的。任何投资行为只要具有收益性，就应伴随着风险的存在。虽然在专业人士的管理下，通常通过组合投资分散风险，但是完全规避风险是不可能的。不同类型的基金具有不同程度的风险，例如积极成长型基金较为稳健，成长型基金风险较大，投资科技股票的基金比指数型基金的风险大。

总的来说，投资基金的风险主要来自内外两个方面。

1. 外部风险

第一，基金品种自身的风险。不同种类的基金具有不同程度的风险。例如开放式基金，在申购和赎回价格上存在风险。投资者在进行申购和赎回时，参考的单位资产净值属于上一个基金交易日的数据。但对于基金单位资产净值从上一个交易日至交易当日的变化却无从得知，因此，投资者无法预知申购和赎回时的交易价格。相比之下，封闭式基金则存在到期风险，由于封闭型基金到期清盘，而清盘价格便是基金到期时的资产净值，市盈率在这里不存在任何意义。

第二，机构管理风险。基金的发行、运作涉及不同的机构，例如基金管理人、基金托管人、会计师事务所等，因此存在机构管理和运作上的风险。就算先不考虑基金经理的个人水平，由于基金公司和基金经理的个人操守导致的道德风险也是投资者难以掌控的。尤其是在利益的驱动下，为了能够更多地发行基金，把盘子做大，收取更多的佣金，基金公司及其销售代理往往会对投资者做出脱离现实的承诺，夸大投资收益，无视有关监管机构的禁令。如果在投资时误听误信这些宣传将会给投资者带来较大的损失。

第三，体制风险，尤其是政策风险。国际国内的政治经济形势变化，都会对证券市场价格造成影响，从而影响到基金的价格和收益率。目前，我国资本市场受政府的政策调控影响依然显著，在此情况下，政府任意出台一个相关政策，都有可能带来市场的剧烈波动，给投资者带来风险。

第四，流动性风险，即投资人需要卖出时，面临难以变现或不能在适当价格变现的风险。流动性风险存在于任何一种投资工具之中。例如，在出现巨额赎回或暂停赎回的情况下，开放式基金的投资人有可能面临无法赎回或因净值大幅下跌而不得已低价赎回的风险。

2. 内部风险

内部风险主要是指由于投资者对基金投资认识上存在误区或不当操作带来的投资风险。投资者通常存在以下几种认识误区：

认为新发基金价格便宜，老基金由于净值较高显得贵，所以只购买新基金，避免购买老基金。其实，衡量一只基金是否具有投资价值，应该根据其预期投资回报率，而这个回报率与基金当前的价格水平是无关的。

买涨不买跌。正如股票一样，也没有"物美价廉"的基金。如果一只基金一直具有良好的业绩，投资者就应该将其作为一项长期投资的工具坚定持有。

喜新厌旧。即使基金公司及其基金经理在过去的业务中表现甚佳，但是能不能管理好一只新的基金也有待考量。通常情况下，新基金的风险将高于老基金，所以在这里建议投资者，应将目光更多地放在那些稳定并且业绩良好的老基金上。

投资者在基金操作中易犯的错误主要有：

一是缺乏明确的投资目标，不能做到有的放矢。你可以不去追逐基金投资中的热门品种，但一定要清楚你所持有的投资组合所期望达到的目标。

二是缺乏核心组合。许多投资者持有许多基金，却不清楚为什么要选择它们。针对每个投资目标，投资者应当选择三到四只业绩较为稳定的基金作为核心组合，并将资产的 70%~80% 投资在这几只基金上。

三是非核心投资过多。核心组合之外的非核心投资组合虽然能够在一定程度上增加组合收益，但也会给你的投资带来较大的风险。

四是组合"失衡"。一个好的基金组合应当是一个均衡的组合，组合中的各项资产的比例维持在相对稳定的状态。随着各项投资的表现不断变化，整个组合可能出现"失衡"的状态，因此要做到及时调整。

五是持有基金数目过多。持有过多的基金，往往会令投资者眼花缭乱、不分轻重。当出现这种情况时，投资者应当考虑"每只基金在我的整体投资组合中充当何种角色"，进而对所持有的基金进行筛选。

六是费用水平过高。如果两只基金具有相似的风格和业绩，不妨选择费用较低的那只基金。

七是同类基金选择不当。你持有的基金属于什么风格？你是否持有了过多风格类似的基金？建议投资者按照风格将所持有的基金进行分类，并确定各类风格基金所占的比例。当某种风格的基金数目过多时，则可以考虑留下其中表现较好的，剔除表现相对较差的。

八是没有设定基金卖出标准。投资者应设定一个卖出的量化标准。比如，当总体损失超过15%时，或更换基金经理人时，将基金卖出。投资者应根据自身所能承受的风险水平，确定一个衡量基金表现的标准。一旦标准确立，就严格依照所指定的标准执行。

外部风险往往难以避免，但是投资者还是能够通过加强自身意识和操作水平避免主观错误带来的内部风险。一旦认识到自己的失误，就要在今后的投资中避免再次犯错，这样一来，就能够有效地降低基金投资的风险。

第八章

骑手安全之消防安全

哪些火灾不能用水去扑救

在现代社会中，火灾发生的频率是比较高的。只要遇见火灾，几乎每个人都会立即想到用水来扑救。但是，值得注意的是，有些火灾却是不能用水来扑救的，且越用水扑救，火势就会越旺，往往会造成更大的灾难，甚至带来无法挽回的损失。在这种情况之下，掌握专业的消防安全知识，对火灾的种类快速准确地做出判断，不同的火灾用不同的方法来扑灭，会达到事半功倍的效果。

发生火灾时，不能用水扑救的火灾主要有以下几类：

（1）贵重的书画文物、重要的档案资料等，一旦着火切不可用水扑救。因为水会浸泡坏这些贵重的文物资料，从而造成无法弥补的损失。

（2）遇水燃烧物质不能用水扑救，如活泼金属锂、钠、钾，金属粉末锌粉、镁铝粉，金属氢化物类氢化锂、氢化钙、氢化钠，金属碳化物碳化钙（电石）、碳化钾、碳化铝，硼氢化物二硼氢、十硼氢等。

（3）熔化的铁水、钢水在未冷却之前，不能用水扑救，防止水出现分解，引起爆炸。

（4）在大多数情况下，不能用直流水扑救可燃粉尘，如面粉、铝粉、糖粉、煤粉等，防止形成爆炸性混合物。

（5）在没有良好的接地设备或没有切断电源的情况下，一般不能用水来扑救高压电气设备火灾，以防触电。

（6）一些高温生产装置或设备着火时，不宜用直流水扑救，防止突然冷却，引起设备损坏。

（7）储存有大量的硫酸、浓硝酸、盐酸等物品的场所发生火灾时，不能用直流水扑救，防止出现放热引起燃烧。

（8）轻于水且不溶于水的可燃液体火灾，不能用直流水扑救，防止液体随水流散开，促使火势蔓延。

火灾逃生"四法则"

火场上，火势的大小不同、使用的器材不同等，其采取的逃生方法也会有所不同。接下来介绍一下火场逃生几种常见方法。

第一，快速撤离危险区域。如果在火场上感觉到自己有可能被围困，应马上放下手中的工作，迅速逃离，设法脱险，切勿耽误逃生的最佳时机。在脱险的过程中，尽可能地观察、辨别火势状况，了解自己所处的环境，然后采取积极有效的逃生措施和方法。

第二，要选择安全的通道和疏散路线。逃生路线的选择，要按照火势情况的不同，选择最简便、最安全的通道。举个例子，当楼房起火后，安全疏散楼梯、消防电梯、室外疏散楼梯、普通楼梯等都属于安全通道。特别是防烟楼梯，则更为安全，在逃生过程中，可以充分利用。一旦上述通道被烟火堵塞，而且没有别的器材可用，就要考虑利用建筑物的阳台、窗口、屋顶、落水管、避雷线等脱险。

第三，使用防护器材。发生火灾时，会产生大量的烟雾和有毒气体。假如逃生人员被浓烟呛得很严重，就可以选择用湿毛巾、湿口罩等捂住口鼻。没有水的话，使用干毛巾、干口罩也是可行的。当然最好备有防火面罩。穿过烟雾区时还要尽可能地将身体贴近地面行进或爬行穿过险区。

若是门窗、通道、楼梯等都被烟火堵住，可以选择向头上、身上浇些冷水或用湿毛巾、湿被单将头部包好，用湿棉被、湿毯子将身体裹好或穿上阻燃的衣服，再冲出危险区。

第四，自制救生绳，一定不要选择跳楼。在每个通道都被堵塞的情况下，一定要保持冷静，想方设法自制逃生器材。一般利用结实的绳带，或被褥、窗帘等，系在一起，拧成绳，并将其拴在牢固的窗框、床架或室内其他的牢固物体上，被困人员逐一缓慢滑到地面或下层的楼层内而顺利逃生。

若是被火困在二层楼内，在没有能力进行自救，并且没有人员来救援的情况下，也可以选择跳楼逃生。但在跳楼前，要尽量向地面抛下棉被、床垫等柔软的东西，再用手扒住窗台或阳台，身体下垂，自然下滑，以缩小跳落高度，并使双脚首先着落在抛下的柔软物上。

若是被烟火困在超过三层楼高的地方，切忌急于向下跳，由于距离地面较高，向下跳的话会导致重伤，甚至死亡。

地铁火灾逃生策略

地铁是现代社会一种十分重要的交通工具，它的作用是其他交通工具无法比拟的。看到地铁带给人们便利的同时也应该看到地铁运营最大的安全隐患，即火灾。从世界范围来看，世界各国在发展地铁的过程中，未曾出现地铁火灾的城市几乎不存在。

地铁一旦发生火灾，带来的危害将是巨大的、难以估量的。究其原因，主要有以下几点：

（1）地铁里面客流量大，人员集中，火灾一旦发生，群死群伤的事故极易发生。

（2）地铁车厢的车座、顶棚及其他装饰材料一般都是可燃物质，这就容易加大火势的蔓延速度；有些塑料、橡胶等新型材料燃烧时还会产生大量的有毒气体，加上地下供氧不足，燃烧不完全，烟雾浓，发烟量大；同时地铁的出入口少，大量烟雾只能从一两个洞口向外涌，与地面空气对流的速度大大降低，地下洞口的"吸风"效应使向外扩散的部分烟雾又被洞口卷吸回来，容易令人窒息。

（3）由于地铁隧道空间的相对封闭性，车辆起火燃烧后，温度升高，空气体积膨胀，压力增高，热烟气流积聚，极易产生"轰燃"。

（4）地铁内的空间比较大，有的火灾报警和自动喷淋等消防设施配置不完善，起火后地下电源可能会被自动切断，通风空调系统失效，失去了通风排烟作用，此时由于有大量有毒烟雾，不利于救援工作的展开。

地铁火灾危害如此严重，那么骑手在遇到危险或等待救援时，掌握和了解一些自救方法就显得尤为重要。

（1）及时报警。发生险情时可以利用自己的手机拨打 119 报警，也可以按动地铁列车车厢内的紧急报警按钮。

（2）地铁一旦发生火灾，火灾产生的烟雾和毒气会令人窒息，因此乘客要用随身携带的口罩、手帕或衣角捂住口鼻。如果太呛，可用矿泉水、饮料等润湿布块。此时，避免烟气吸入的最佳方法是贴近地面逃离。除此之外，值得注意的是不要匍匐前进，以免贻误生机。视线不清时，可以用手摸墙壁缓缓撤离。

（3）在地铁车厢座位下存有灭火器，火灾发生时可随时取出用于灭火。干粉灭火器位于每节车厢两个内侧车门的中间座位之下，上面贴有红色"灭火器"标志。乘客旋转拉手90度，可开门取出灭火器。

（4）如果车厢内火势过猛或仍有可疑物品，乘客可通过车厢头尾的小门撤离，远离危险。

（5）如果出事时列车已到站下人，但此时忽然断电，车站会启用紧急照明灯，同时，蓄能疏散指示标志也会发光，乘客要按照标志指示撤离到站外。

（6）火灾发生后，大量乘客会向外撤离，此时，老年人、妇女、孩子尽量不要"溜边"，防止摔倒后被踩踏。发现慌乱的人群朝自己拥过来，应快速躲避到一旁，或者蹲在附近的墙角下，等人群过去至少5分钟再离开。与此同时应及时联系外援，寻求帮助。

（7）如果此时被人群不由自主地拥着前进，要用一只手紧握另一手腕，双肘撑开，平放于胸前，要微微向前弯腰，形成一定的空间，这样可以使自己的呼吸顺畅，以免拥挤时造成窒息晕倒。同时护好双脚，以免脚趾被踩伤。如果自己被人推倒在地上，此时一定要保持冷静，应设法让身体靠近墙根或其他支撑物，身子蜷缩成球状，采用这种方式可以很好地保护身体的重要部位。

（8）在逃生过程中一定要听从工作人员的指挥和

引导，决不能惊慌失措、盲目乱窜。如果发现疏散通道被大火阻断，此时应想尽办法保命，等待消防队员前来救援。

理智应对身体着火

人身上的衣服着火后，常出现这样一些情形：有的人皮肤被火灼痛，于是惊慌失措，撒腿便跑，谁知越跑火烧得越大；有的人发现自己身上着了火，吓得大喊大叫，胡乱扑打，反而使火越扑越旺。上述情形说明，身上衣服着火后，既不能奔跑，也不能扑打，是因为人一跑或者扑打反而加快了空气对流而促进燃烧，火势会更加猛烈。跑，不但不能灭火，反而将火种带到别的地方，有可能扩大火势，这是很危险的。

当人身上穿着几件衣服时，火一下是烧不到皮肤的，此时，应将着火的外衣迅速脱下来。有纽扣的衣服可用双手抓住左右衣襟猛力撕扯将衣服脱下，不能像往日那样一个一个地解纽扣，因为时间来不及。如果穿的是拉链衫，则要迅速拉开拉链将衣服脱下。然后立即用脚踩灭衣服上的火苗。

　　人身上如果穿的是单衣，着火后就有可能被烧伤。如果发现及时，且衣服脱掉很容易，就应该立即脱掉着火的衣服。如果身上的衣物不方便立即脱掉，当胸前衣服着火时，应迅速趴在地上；背后衣服着火时，应躺在地上；前后衣服都着火时，则应在地上来回滚动，利用身体隔绝空气，覆盖火焰，压灭火苗。但在地上滚动的速度不能因为怕烧伤而过快，否则火也不容易压灭。

　　如果近处有河流、池塘，可迅速跳入浅水中。但若人体已被烧伤，而且表面皮肤已烧破时，则不宜跳入水中。

　　切忌用灭火器直接向着火人身上喷射，因为这样做既容易造成伤者窒息，又容易因灭火器的药剂而引起烧伤的伤口产生感染。

　　如果有两个以上的人在场，未着火的人需要镇定、沉着，立即用随手可以拿到的被褥、衣服、扫把等朝着火人身上的火点覆盖，或帮他撕下衣服，或用湿麻袋、毛毯把着火人包裹起来。

室内与室外防雷妙招

　　自然灾害是自然界中所发生的异常现象，自然灾害对人类社会所造成的危害往往是触目惊心的。因此，为了减少和避免因自然灾害造成的不必要损失和伤害，我们每个人都必须掌握一些自然灾害防范知识。

　　2012年5月26日15时至17时，吉林省公主岭市秦家屯镇赵家屯村八社遭雷击，造成1人死亡，1人受伤，雷击烧毁3间房屋，造成直接经济损失10万元。

　　2012年6月17日20时45分，吉林省长春市柳河县时家店乡项家村联合白灰场张立松（男，45岁）在汽车车顶用苫布封车时遭雷击，当场死亡。

　　通过上述案例我们可以看出，雷击事件不仅可以造成巨大的财产损失，还严重威胁着人们的生命安全。那么，怎样预防被雷击呢？

1. 室内防雷措施

雷电来临时，躲到室内比较安全，但这也只是相对室外而言。在室内除了会遭受直击雷侵袭外，雷击电磁脉冲也会通过引入室内的电源线、信号线、无线天线通道进入室内。所以，在室内如果不注意采取措施，也可能遭受雷电的袭击。下面就来介绍几种室内防止雷电灾害的措施。

（1）发生雷雨时，一定要及时关闭好门窗，防止直接雷击和球形雷的入侵。同时还要尽量远离门窗、阳台和外墙壁，否则一旦雷击房屋，你可能会受接触电压和旁侧闪击的伤害，成为雷电电流的泄放通道。

（2）在室内不要靠近，更不要触摸任何金属管线，包括水管、暖气管、煤气管等。特别要提醒在雷雨天气不要洗澡，尤其是不要使用太阳能热水器洗澡。室内随意拉一些铁丝等金属线，也是非常危险的。在一些雷击灾害调查中，许多人员伤亡事件都是由于在上述情况下，受到接触电压和旁侧闪击造成的。

（3）在房间里不要使用任何家用电器，包括电视、电脑、电话、电冰箱、洗衣机、微波炉等。这些电器除了都有电源线外，电视机还会有由天线引入的馈线，电脑和电话还会有信号线。雷击电磁脉冲产生的过电压，会通过电源线、天线的馈线和信号线将设备烧毁，有的还会酿成火灾，人若接触或靠近设备也会被击伤、烧伤。最好的办法是不要使用这些电器，拔掉所有的电源线和信号线。

（4）要保持室内地面的干燥，以及各种电器和金属管线的良好接地。如果室内的地板或电气线路潮湿，就有可能会发生雷电电流漏电伤及人员的事故。室内的金属管线接地不好，接地电阻很大，雷电电流不能很通畅地泄放到大地，就会击穿空气的间隙，向人体放电，造成人员伤亡。

2. 室外防雷措施

在雷电发生时，我们应尽量不要到室外活动，大多数雷击死亡的事故都发生在户外。所以在遇到乌云密布，狂风暴雨即将来临时，大家要尽快躲到室内。如果躲避不及，在室外遇到雷雨天气时，提醒大家可以采取以下几种防护措施。

（1）云与大地之间发生的雷电具有选择性。一般情况下，高大的物体以及物体的尖端容易遭遇雷击。所以在室外时，不要靠近铁塔、烟囱、电线杆等高大物体，更不要躲在大树下或者到孤立的棚子和小屋里避雨。这样可以减少或避免受到接触电压和旁侧闪击以及跨步电压的伤害。

（2）有些建筑物或构筑物为了防止直击雷的袭击，都安装了避雷针或避雷带等接闪器。当雷电发生时，这些防雷装置往往起到的是引雷的效果，雷电电流由接闪器通过引下线导入地下，它可以保护周围不遭直击雷的袭击。所以如果在室外万一无处躲藏，你可以躲在与避雷装置顶成45度夹角的圆锥范围内，这是一个避雷针安全保护的区域，但不要靠近这些建筑物或构筑物。

（3）在郊外旷野里，如果你与周围物体相比，是最高点，这是最容易遭到雷击。所以，当野外发生雷电交加现象时，不要站在高处，也不要在开阔地带骑车和骑马奔跑，更不要撑着雨伞，拿着铁锹和锄头，或任何金属杆等物以免遭到直接雷电的袭击。要找一块地势低的地方，站在干燥的、最好是有绝缘功能的物体上，蹲下且两脚并拢，使两腿之间不会产生电位差。

（4）为了防止接触电压的影响，在室外你千万不要接触任何金属的东西，像电线、钢管、铁轨等导电的物体。身上最好也不要带金属物件，因为这也会感应到雷电，灼伤人的皮肤。

（5）当你在野外高山活动时，遇到雷雨天气是非常危险的。在大岩石、悬崖下和山洞口躲避，会遭到雷电流产生的电火花的袭击。此时，最好是躲在山洞的里面，并且尽量躲到山洞深处，两脚并拢，身体远离洞壁，并把身上带金属的物件，如手表、戒指、耳环、项链等物品摘下来，放在一边，金属工具也要离开身体。

（6）在雷雨天气时，千万不要到江河湖塘等水面附近活动。因为水体的导电性能好，人在水中和水边被雷电击死、击伤事故发生的概率特别高。所以在雷电发生时，要尽快上岸躲避，并且要远离水面。

（7）雷电交加时，如果你正在行驶的汽车内，要将门窗关闭，躲在里面，以确保人身安全。因为金属的汽车外壳是一个非常好的屏蔽。若一旦有雷击，金属的外壳就会很容易地把雷电电流导入大地。

（8）不宜使用移动电话等户外通信工具。

（9）在雷雨中也不要几个人挨在一起或牵着手跑，相互之间要保持一定的距离，这也是避免在遭受直接雷击后，传导给他人的重要措施。